La Farce
de maître Pathelin

Première de couverture: © BNF.
Deuxième de couverture: [h] © BNF, Paris; [b] © Agence Bernand.
Troisième de couverture: © La Collection/Artothek.

© Gallimard Jeunesse, 2010 pour le texte.
© Éditions Belin/Éditions Gallimard, 2012 pour l'introduction, les notes et le dossier pédagogique.

Le Code de la propriété intellectuelle n'autorise que « les copies ou reproductions strictement réservées à l'usage privé du copiste et non destinées à une utilisation collective » (article L. 122-5); il autorise également les courtes citations effectuées dans un but d'exemple ou d'illustration. En revanche « toute représentation ou reproduction intégrale ou partielle, sans le consentement de l'auteur ou de ses ayants droit ou ayants cause, est illicite » (article L. 122-4).
La loi 95-4 du 3 janvier 1994 a confié au CFC (Centre français de l'exploitation du droit de copie, 20, rue des Grands-Augustins, 75006 Paris) l'exclusivité de la gestion du droit de reprographie. Toute photocopie d'œuvres protégées, exécutée sans son accord préalable, constitue une contrefaçon sanctionnée par les articles 425 et suivants du Code pénal.

ISBN 978-2-7011-6163-1
ISSN 1958-0541

CLASSICOCOLLÈGE

La Farce de maître Pathelin

**Traduction de Michel Rousse,
adaptation par Philippe Delpeuch**

Dossier par Léonore Delf
Agrégée de lettres modernes

BELIN ■ GALLIMARD

Sommaire

Introduction 7

Acte I 9
Arrêt sur lecture 1 30
Découvrir les caractéristiques de la farce

Acte II 37
Arrêt sur lecture 2 59
Étudier la place du jeu dans l'acte II

Acte III 66
Arrêt sur lecture 3 91
Analyser l'évolution de l'intrigue jusqu'au dénouement

Arrêt sur l'œuvre

Des questions sur l'ensemble de la pièce — 97
Des mots pour mieux écrire — 98
Lexique de la tromperie
Lexique de l'argent
À vous de créer — 99

Groupements de textes

La justice en question — 101
Tromperies et trompeurs — 108

Autour de l'œuvre

Interview imaginaire de Pierre Levet, imprimeur-libraire — 116
Contexte historique et culturel — 118
Repères chronologiques — 120
Les grands thèmes de l'œuvre — 121
L'argent
La justice
La religion

Fenêtres sur... — 125

Des ouvrages à lire, des films à voir
et des sites Internet à consulter

Introduction

Dès les premières représentations de *La Farce de maître Pathelin* au milieu du xve siècle, la pièce connaît un immense succès, au point que des expressions de la farce, comme « revenons à nos moutons », entrent dans la langue. Au xvie siècle, François Rabelais la connaissait par cœur, et Molière, au xviie siècle, l'a souvent prise pour modèle pour écrire ses propres comédies. *La Farce de maître Pathelin* marque en effet les débuts d'un genre théâtral, la farce, qui est une pièce de théâtre populaire, destinée à faire rire les spectateurs à l'aide de situations simples et de personnages caricaturaux.

Si la pièce nous amuse encore aujourd'hui, c'est non seulement parce qu'elle traite de situations et de défauts universels, mais aussi parce qu'elle est rythmée par des dialogues et des coups de théâtre. L'atmosphère ludique et réjouissante de cette farce mordante témoigne de la liberté de parole des auteurs du Moyen Âge et offre au lecteur un spectacle divertissant.

Personnages

Ici commence la farce de maître Pathelin à cinq personnages :

MAÎTRE PIERRE
SA FEMME
LE DRAPIER
LE BERGER
LE JUGE.

ACTE I

Sur l'aire de jeu, sont disposés, en opposition spatiale, deux tabourets d'un côté : lieu de « la maison de Pathelin », et de l'autre un étal[1] avec quelques rouleaux d'étoffe et un tabouret : lieu du drapier.

Scène 1
PATHELIN, GUILLEMETTE

PATHELIN
Sainte Marie ! Guillemette, malgré mes efforts pour barboter et chiper[2], rien à faire, nous n'amassons rien. Il fut pourtant un temps où je faisais l'avocat[3].

GUILLEMETTE
Par Notre Dame, comme on dit au Palais de justice, j'y songeais ; c'est que votre réputation d'habileté s'est envolée. Il fut un temps où chacun voulait vous avoir pour gagner son procès ; à présent, on vous appelle partout avocat de quatre sous.

PATHELIN
Je ne le dis sûrement pas pour me vanter, mais il n'y a pas, dans la contrée où nous tenons notre permanence, de personne plus habile, hormis le maire.

---
1. **Étal** : table sur laquelle on expose les marchandises, notamment dans un marché.
2. **Barboter et chiper** : voler et escroquer.
3. **Je faisais l'avocat** : je feignais d'être avocat.

GUILLEMETTE

C'est qu'il a lu le grimoire[1] et qu'il a été longtemps aux études.

PATHELIN

Voyez-vous quelqu'un que je ne tire d'embarras, si je veux m'y mettre ? Et pourtant je n'ai jamais appris le latin que bien peu[2] ; mais j'ose me vanter que je sais aussi bien chanter au lutrin[3] avec notre prêtre que si j'avais été à l'école aussi longtemps que Charlemagne en Espagne[4].

GUILLEMETTE

Et qu'est-ce que ça nous rapporte ? pas un clou ! Nous mourons tout bonnement de faim, nos vêtements sont usés jusqu'à la trame, et nous sommes bien en peine de savoir comment nous pourrions en avoir. Alors à quoi bon toute votre science ?

PATHELIN

Taisez-vous ! Par mon âme, si je veux faire travailler mes méninges, je saurai bien où en trouver, des vêtements et des chaperons[5] ! S'il plaît à Dieu, nous nous en tirerons et nous serons bientôt remis sur pied. Que diable, Dieu va vite en besogne ! S'il faut que je m'emploie à montrer[6] mes talents, on ne saura trouver mon égal.

GUILLEMETTE

Par saint Jacques, sûrement pas pour ce qui est de tromper : vous en êtes parfaitement maître.

---

1. Grimoire : grammaire latine.
2. Pathelin n'a donc pas fait d'études de droit : les cours de droit étaient tous donnés en latin au XVe siècle. Il utilise le titre d'avocat de façon illégale, puisqu'il n'a pas obtenu son diplôme.
3. Lutrin : dans une église, pupitre destiné à poser un livre de chant.
4. Allusion à *La Chanson de Roland* (début du XIIe siècle), chanson de geste dans laquelle sont racontés les combats que le roi Charlemagne a menés durant sept ans en Espagne.
5. Chaperons : chapeaux.
6. Que je m'emploie à montrer : que je fasse la preuve de.

Acte I, scène 1

Pathelin
Par ce Dieu qui me fit naître, c'est du bel art de plaider[1] que je parle !

Guillemette
30 Par ma foi, non, de tromper ! Je m'en rends bien compte puisqu'à vrai dire, sans instruction et sans bon sens, vous passez pour l'une des têtes les plus habiles qui soit dans toute la paroisse[2].

Pathelin
Personne ne s'y connaît mieux dans l'art de plaider.

Guillemette
Mon Dieu ! oui, dans l'art de tromper, c'est en tout cas votre
35 réputation.

Pathelin
C'est aussi celle de ceux qui sont vêtus de velours et de satin[3], qui prétendent qu'ils sont avocats, mais ils ne le sont point pour autant. Laissons là ce bavardage, je veux aller à la foire.

Guillemette
À la foire ?

Pathelin
40 Par saint Jean, oui, à la foire ! Belle acheteuse, vous déplaît-il que j'achète de l'étoffe ou quelque autre colifichet[4] qui soit utile pour notre ménage[5] ? Nous n'avons pas d'habit qui vaille.

---

1. Plaider : défendre une cause en justice.
2. Paroisse : communauté de chrétiens autour d'une église.
3. Ceux qui sont vêtus de velours et de satin : ceux qui ont les moyens de s'offrir de riches vêtements.
4. Colifichet : ornement sans valeur.
5. Ménage : foyer, couple.

Guillemette
Vous n'avez pas un sou : qu'allez-vous faire là-bas ?

Pathelin
Vous ne le savez pas, belle dame ? Si je ne vous rapporte largement
assez d'étoffe pour nous deux, alors, allez-y ! traitez-moi de menteur… Quelle couleur vous paraît la plus belle ? un gris-vert ? une étoffe de brunette[1] ? une autre couleur ? Il faut que je le sache.

Guillemette
Celle que vous pourrez avoir. Qui emprunte ne choisit pas.

Pathelin, *en comptant sur ses doigts.*
Pour vous, deux aunes[2] et demie, et pour moi, trois, ou même quatre ; ce qui fait…

Guillemette
Vous comptez large ! Qui diable vous en fera crédit[3] ?

Pathelin
Que vous importe qui ce sera. On va vraiment m'en faire crédit, et je paierai au jour du Jugement dernier[4], sûrement pas avant !

Guillemette
Et allez donc, mon ami ! De cette manière, il sera bien attrapé.

Pathelin
J'achèterai ou du gris ou du vert, et pour une chemise, Guillemette, il me faut trois quarts d'aune de brunette ou même une aune.

---

1. De brunette : de couleur bleu foncé.
2. Aune : ancienne unité de mesure de longueur (deux aunes et demie = 3 mètres environ).
3. Vous en fera crédit : acceptera de vous donner sa marchandise et que vous la payiez plus tard.
4. Au jour du Jugement dernier : à la fin du monde, c'est-à-dire, selon Pathelin, jamais.

Acte I, scène 2

GUILLEMETTE

Dieu me vienne en aide, oui ! Allez et n'oubliez pas de boire si vous trouvez Jean Crédit[1].

PATHELIN, *s'éloignant.*

Surveillez bien la maison !

GUILLEMETTE

60 Mon Dieu, le beau client que voilà ! Ah, je voudrais qu'il ne trouve rien à acheter !

Scène 2

PATHELIN, LE DRAPIER

PATHELIN, *s'approchant.*

N'est-ce pas lui là-bas ? Je n'en suis pas sûr. Mais si, c'est bien lui ! Par sainte Marie, il se mêle de vendre de l'étoffe ! *(S'adressant à Guillaume.)* Dieu soit avec vous !

GUILLAUME JOSSAUME, *drapier.*

Et Dieu vous accorde la joie !

PATHELIN

5 Mon Dieu, que j'avais grande envie de vous voir ! Comment vous portez-vous ? La santé est-elle bonne, Guillaume ?

LE DRAPIER

Ma foi, oui.

---

1. Jean Crédit : personnage imaginaire qui accepte de faire crédit à n'importe qui.

Pathelin
Çà, une poignée de main! Comment ça va?

Le drapier
Eh, bien, vraiment, à votre service. Et vous?

Pathelin
Par l'apôtre[1] saint Pierre, comme un homme qui vous est tout dévoué. Alors, la vie est belle?

Le drapier
Eh oui! Mais pour les marchands, vous pouvez m'en croire, tout ne va pas toujours comme ils voudraient.

Pathelin
Comment va le commerce? Est-ce qu'il nourrit son homme?

Le drapier
Eh, Dieu me vienne en aide, mon cher maître, je ne sais. On fait aller!

Pathelin
Ah, votre père – Dieu ait son âme! –, quel homme savant c'était! Sainte Vierge! je me rends à l'évidence, c'est tout à fait vous. Qu'il était bon commerçant, et avisé[2]! Vous lui ressemblez de visage, par Dieu, c'est tout à fait son portrait! Si Dieu eut jamais pitié d'une créature, qu'il accorde complet pardon à son âme.

Le drapier
Amen[3], par sa grâce, et à nous aussi quand il lui plaira.

---

1. Apôtre: dans le Nouveau Testament, un des douze disciples de Jésus-Christ.
2. Avisé: intelligent.
3. Amen: mot hébreu signifiant «ainsi soit-il», que les chrétiens prononcent à la fin d'une prière en signe d'approbation.

Acte I, scène 2

Pathelin
Je vous jure qu'il m'a annoncé maintes fois et dans le détail le temps qu'on voit à présent. Je m'en suis souvenu bien des fois. Depuis lors, on le tenait pour un des meilleurs…

Le drapier
Asseyez-vous, cher monsieur. Il est bien temps de vous le dire, mais voilà bien ma manière de me montrer poli !

Pathelin
Je suis bien. Par le précieux corps du Christ, il avait…

Le drapier
Allons, allons ! vous allez vous asseoir.

Pathelin
Volontiers. « Ha, que vous verrez, me disait-il, de grandes merveilles ! » Mais je vous jure que pour les oreilles, le nez, la bouche, les yeux, jamais un enfant ne ressembla plus à son père. La fossette au menton, vraiment c'est vous, trait pour trait. Et celui qui dirait à votre mère que vous n'êtes pas le fils de votre père aurait grande envie de quereller[1]. Non, je ne puis imaginer comment Nature en ses œuvres[2] forma deux visages si semblables, et l'un et l'autre avec les mêmes traits. Car quoi ! si l'on vous avait crachés tous deux contre le mur – même maintien et même disposition –, on ne saurait vous distinguer. Dites-moi, monsieur, la bonne Laurence, votre chère tante, est-elle morte ?

Le drapier
Non point.

---
1. Quereller : se disputer.
2. Nature en ses œuvres : la nature, dans ses créations.

Pathelin

Je l'ai connue si belle, si grande, si droite et gracieuse ! Par la vénérée Mère de Dieu, vous lui ressemblez dans l'allure comme si on vous avait pétri dans la neige. Dans ce pays il n'y a, me semble-t-il, famille plus ressemblante. Plus je vous vois – Dieu ! par le Père ! vous voilà, et c'est votre père. Vous vous ressemblez comme deux gouttes d'eau, ça ne fait aucun doute. Quel bon vivant c'était, le brave homme, et ses articles, il les vendait à crédit à qui les voulait ! Dieu lui pardonne ! Il aimait toujours rire de si bon cœur avec moi. Ah, plût à Jésus-Christ que le pire coquin[1] de ce monde lui ressemble ! On ne se pillerait pas l'un l'autre, on ne se volerait pas comme on le fait. *(Il prend comme distraitement sur l'étal une pièce d'étoffe.)* Que cette étoffe-ci est bien faite ! Qu'elle est moelleuse, douce et lisse !

Le drapier

Je l'ai fait faire tout exprès ainsi avec la laine de mes bêtes.

Pathelin

Ho, ho ! quel homme qui veille à tout ! Sans cela, vous ne seriez pas le fils de votre père… Toujours à l'ouvrage !

Le drapier

Que voulez-vous ? Il faut se donner de la peine si l'on veut vivre, et être dur à la tâche.

Pathelin

Celle-ci est-elle teinte avant tissage ? Elle est solide comme un cuir de Cordoue[2].

Le drapier

C'est une très belle étoffe de Rouen[3], je vous assure, et bien travaillée.

---

1. **Coquin** : escroc, homme malhonnête.
2. **Cordoue** : ville espagnole réputée pour son cuir.
3. **Rouen** : ville de Normandie, réputée pour ses tissus au XVe siècle.

Acte I, scène 2

Pathelin

Oui vraiment, j'en suis attrapé, car je n'avais pas l'intention de
65 prendre d'étoffe, par la Passion de Notre Seigneur, quand je suis
venu. J'avais mis de côté quatre-vingts écus d'or[1], pour racheter
une rente[2] mais vous en aurez vingt ou trente, je le vois bien,
car sa couleur me plaît tant que j'en ai mal !

Le drapier

Des écus d'or, dites-vous ? Est-il possible que ceux à qui vous devez
70 racheter cette rente acceptent d'autres pièces ?

Pathelin

Oui, bien sûr, si je voulais. Peu m'importe comment je paie.
Quelle étoffe est-ce là ? Vraiment, plus je la vois et plus j'en suis
fou. Il me faut en prendre de quoi faire une cotte[3] au plus tôt,
et pour ma femme la même chose.

Le drapier

75 Vraiment, l'étoffe est aussi chère que la crème. Vous en prendrez
si vous voulez. Dix ou vingt francs y passent si vite[4] !

Pathelin

Peu m'importe, votre prix sera le mien ! Il me reste encore quelques
sous que ni mon père ni ma mère n'ont jamais vus.

Le drapier

Dieu soit loué ! Par saint Pierre, ce ne serait pas pour me déplaire.

Pathelin

80 Bref, je suis fou de cette pièce d'étoffe ; il faut que j'en prenne.

---

1. Écus d'or : ancienne monnaie royale à laquelle on accordait davantage de valeur car elle était plus fiable que les autres.
2. Racheter une rente : rembourser une dette.
3. Cotte : sous-vêtement porté directement sur la peau.
4. Y passent si vite : sont si vite dépensés.

Le drapier

Alors, il faut calculer combien vous en voulez avant tout. Tout est à votre disposition, tout ce qu'il y a dans la pile, même si vous n'aviez pas le moindre argent.

Pathelin

Je le sais bien, grand merci.

Le drapier

85 Voulez-vous de cette étoffe bleu pâle ?

Pathelin

Allons, combien me coûtera la première aune ? Dieu sera payé en premier, c'est juste. Voici un denier[1]. Ne faisons rien sans invoquer Dieu.

Le drapier

Par Dieu, vous parlez en honnête homme, et m'en rendez tout
90 heureux. Voulez-vous mon prix sans marchandage ?

Pathelin

Oui.

Le drapier

Chaque aune vous coûtera vingt-quatre sous.

Pathelin

C'est impossible ! Vingt-quatre sous ? Sainte Vierge !

Le drapier

C'est ce qu'il m'a coûté, sur mon âme ! C'est mon prix, si vous
95 le prenez.

---

1. Denier: ancienne monnaie de peu de valeur. Le « denier à Dieu » était une petite somme que le client donnait pour des ordres religieux ou des œuvres de bienfaisance.

Acte I, scène 2

Pathelin

Hé là, c'est trop !

Le drapier

Ah, vous ne savez pas comme l'étoffe est devenue chère. Tout le bétail a péri cet hiver à cause du grand froid.

Pathelin

Vingt sous ! Vingt sous !

Le drapier

100 Eh, je vous jure que j'en aurai ce que je dis. Attendez donc samedi[1] : vous verrez ce que ça vaut. La toison[2], qu'on trouve d'habitude en abondance, m'a coûté, à la Sainte-Madeleine, huit blancs[3], parole ! pour une laine que j'avais d'ordinaire pour quatre.

Pathelin

Palsambleu[4], sans plus discuter, s'il en est ainsi, j'achète. Allez,
105 mesurez.

Le drapier

Hé, je vous demande combien vous en voulez ?

Pathelin

C'est facile à savoir. De quelle largeur est-elle ?

Le drapier

Elle est au lé de Bruxelles[5].

---

1. Samedi : jour du marché hebdomadaire.
2. Toison : laine des moutons.
3. Blancs : ancienne monnaie.
4. Palsembleu : juron.
5. Au lé de Bruxelles : d'une largeur de deux aunes, environ 2,40 mètres.

Pathelin

Trois aunes pour moi, et pour elle – elle est grande… deux aunes et demie. Ce qui fait six aunes, c'est bien ça ? Mais non ! Que je suis sot !

Le drapier

Il ne manque qu'une demi-aune pour arriver à six aunes juste.

Pathelin

J'en prendrai six pour faire le compte rond. Aussi bien j'ai besoin d'un chaperon.

Le drapier

Prenez ce bout-là, nous allons mesurer. On va les trouver ici sans discussion : un, et deux, et trois, et quatre, et cinq, et six.

Pathelin

Ventre saint Pierre, c'est ric-rac[1] !

Le drapier

Dois-je recommencer ?

Pathelin

Non, inutile, par mes tripes ! Quand on achète, il y a tantôt moins tantôt plus. À combien se monte le tout ?

Le drapier

Nous allons le savoir. À vingt-quatre sous l'une, les six font neuf francs.

Pathelin

Hein ! *(À part.)* Je me fais avoir ! Ça fait six écus ?

---

1. C'est ric-rac : c'est mesuré un peu juste.

Acte I, scène 2

Le drapier
Mon Dieu, oui.

Pathelin
125 Alors, monsieur, voulez-vous m'en faire crédit jusqu'au moment où vous viendrez ? *(Au mot crédit, le visage du drapier se ferme[1].)* Non pas « faire crédit » : vous les prendrez chez moi, en or ou en autre monnaie.

Le drapier
Notre Dame ! Ça me ferait un grand détour de passer par là !

Pathelin
130 Hé ! depuis un instant, votre bouche, par monseigneur saint Gilles, ne dit pas toute la vérité. Comme c'est bien dit : « un grand détour » ! C'est cela ! vous voudriez n'avoir jamais l'occasion de venir prendre un verre chez moi. Eh bien, cette fois vous y boirez.

Le drapier
Hé, par saint Jacques, je passe mon temps à boire ! J'irai, mais 135 ce n'est pas bien de faire crédit pour la première vente, vous le savez bien.

Pathelin
Serez-vous satisfait si pour la première vente, je vous paie en écus d'or et non pas en autre monnaie ? et en plus, vous goûterez à mon oie[2], par Dieu, que ma femme fait rôtir.

Le drapier, *à part.*
140 Vraiment, cet homme me fait perdre la tête ! Allez devant. Bon, j'irai donc et vous la porterai.

---
1. Se ferme : se crispe.
2. Pathelin joue sur le double sens des mots : au sens figuré, l'expression « faire manger de l'oie » signifie « duper, tromper ».

Pathelin

Mais non, pas du tout! Ça ne me gênera pas le moins du monde. *(Il cale l'étoffe sous son bras tandis que le drapier continue de s'y accrocher.)* Là, sous mon aisselle.

Le drapier

145 Non, laissez, il vaut mieux – ce sera plus convenable – que je la porte moi-même.

Pathelin

Qu'il m'arrive malheur à la Sainte-Madeleine, si vous prenez cette peine! C'est très bien dit: sous l'aisselle! Voilà qui m'y fera une belle bosse! Ha, c'est arrangé! Il y aura de quoi boire et faire la
150 fête chez moi avant que vous en partiez.

Le drapier

Je vous prie de me donner mon argent dès que j'arriverai.

Pathelin

Bien sûr! Hé, par Dieu, non! Je n'en ferai rien avant que vous ayez pris un bon repas, et je m'en voudrais même d'avoir sur moi de quoi payer. Au moins viendrez-vous goûter quel vin je
155 bois. Votre défunt[1] père appelait en passant: «Compère!» ou «Quelles nouvelles?» ou «Que fais-tu?». Mais vous autres, les riches, vous ne faites pas grand cas[2] des pauvres gens.

Le drapier

Hé, palsambleu, les pauvres gens, c'est nous!

Pathelin

Ouais, adieu, adieu! Venez vite au rendez-vous et nous boirons
160 un bon coup, je vous l'assure.

---

1. Défunt: mort.
2. Vous ne faites pas grand cas: vous ne vous préoccupez pas.

Le drapier

Je vais venir. Allez devant, et payez-moi en or.

Pathelin quitte le drapier et reste en scène.

Pathelin

En or ? Et quoi encore ? En or ? Diable ! je n'ai jamais manqué à mes promesses, non ? En or ? Qu'il aille se faire pendre ! Ah çà ! il ne m'a pas vendu l'étoffe à mon prix, il l'a vendue au sien, mais il sera payé au mien. Il lui faut de l'or ? Compte toujours ! Mon Dieu, puisse-t-il courir jusqu'au paiement complet. Saint Jean ! il ferait plus de chemin que d'ici à Pampelune[1].

Le drapier, *de son côté.*

Ils ne verront ni soleil ni lune, les écus qu'il me donnera, de toute une année, si on ne me les vole pas. Ah, il n'est client si habile qui ne trouve vendeur plus rusé ! Ce trompeur-là manque bien d'expérience, lui qui a pris à vingt-quatre sous l'aune une étoffe qui n'en vaut pas vingt !

Scène 3

Pathelin, Guillemette

Pathelin, *l'étoffe dissimulée sous son vêtement.*

En ai-je ?

Guillemette

De quoi ?

---

1. Pampelune : ville d'Espagne.

PATHELIN

Qu'est devenue votre vieille robe?

GUILLEMETTE

C'est bien le moment d'en parler! Que voulez-vous en faire?

PATHELIN

Rien, rien. *(Montrant la bosse sous son vêtement.)* En ai-je? Je vous le disais bien. *(Sortant l'étoffe.)* Et ça, est-ce de l'étoffe?

GUILLEMETTE

Sainte Vierge! Çà, par le salut de mon âme, elle provient de quelque filouterie. Dieu, qu'est-ce qui nous arrive? Hélas, hélas, qui va payer?

PATHELIN

Vous demandez qui va payer? Par saint Jean, elle est déjà payée. Le marchand qui me l'a vendue n'a pas perdu la tête, ma bonne amie. Qu'on me passe la corde au cou, s'il n'est bien saigné à blanc[1], comme du plâtre! Ce misérable coquin l'a dans l'os[2]!

GUILLEMETTE

Pour combien en avez-vous?

PATHELIN

Je ne dois rien. Elle est payée, ne vous inquiétez pas.

GUILLEMETTE

Vous n'aviez pas un sou! Elle est payée? Avec quel argent?

PATHELIN

Hé, palsambleu, j'en avais, madame: j'avais un denier parisis[3].

---

1. **Saigné à blanc**: ruiné (expression figurée).
2. **L'a dans l'os**: est bien attrapé, humilié (expression figurée).
3. **Denier parisis**: denier utilisable seulement à Paris.

Acte I, scène 3

Guillemette

Sornettes! Une traite ou une reconnaissance de dettes ont fait l'affaire. C'est comme ça que vous l'avez obtenue. Et quand il faudra payer, on viendra, on nous saisira[1], et tout ce que nous avons nous sera enlevé.

Pathelin

Palsambleu, il ne m'en a coûté qu'un denier, pour le tout.

Guillemette

Benedicite Maria[2]! Un seul denier? C'est impossible.

Pathelin

Vous pouvez m'arracher un œil, s'il en a eu ou s'il en aura davantage. Il pourra toujours réclamer!

Guillemette

Et de qui s'agit-il?

Pathelin

C'est un Guillaume[3] du nom de Jossaume, puisque vous voulez le savoir.

Guillemette

Mais la manière de l'avoir pour un denier? Et quel jeu lui avez-vous joué?

Pathelin

Ce fut pour le denier à Dieu. Et même, si j'avais dit «Tope là[4]», avec ces mots-là, j'aurais gardé le denier. Quoi qu'il en soit, n'est-ce

---

1. On nous saisira: on prendra nos biens pour rembourser nos dettes.
2. Benedicite Maria: «Bénissez, Marie», en latin, premiers mots d'une prière catholique.
3. En ancien français, une «guille» était une tromperie et on appelait les trompeurs trompés des «guillaumes».
4. Tope là: marché conclu.

pas du beau travail ? Il s'arrangera avec Dieu pour partager ce denier-là, si bon leur semble, car c'est bien tout ce qu'ils en auront ; ils peuvent toujours chanter, crier ou brailler !

Guillemette
Comment a-t-il consenti à la donner à crédit, lui qui est un homme si intraitable ?

Pathelin
Par sainte Marie la belle, je lui ai mis une telle couche de flatteries qu'il me l'a presque donnée. Je lui disais que son défunt père était un homme si remarquable : « Ha, lui dis-je, mon ami, que vous êtes de bonne famille ! Vous êtes, dis-je, de la famille la plus honorable de la région. » Mais je prends Dieu à témoin qu'il est issu de la pire engeance[1], de la plus fieffée[2] race de coquins qui soit, je crois, dans ce royaume. « Ha, dis-je, mon ami Guillaume, que vous ressemblez bien de visage comme du reste à votre bon père ! » Dieu sait ce que j'ai imaginé, et, de temps à autre, j'y glissais quelques mots sur ses étoffes. « Et puis, lui dis-je, sainte Marie ! avec quelle gentillesse il faisait crédit de sa marchandise, avec quelle simplicité ! C'est vous, lui dis-je, tout craché ! » Pourtant on aurait pu arracher les dents du vieux marsouin, son défunt père, et de son babouin de fils, avant qu'ils vous prêtent… *(Faisant claquer son ongle contre ses dents.)*… ça ou qu'ils sortent une parole aimable. Mais au bout du compte, je l'ai tant pressé de paroles qu'il m'en a donné six aunes à crédit.

Guillemette
Qui, bien sûr, ne seront jamais payées ?

---

1. Engeance : lignée d'individus méprisables.
2. Fieffée : fameuse.

Pathelin

C'est bien ce qu'il faut comprendre. Payer ? Qu'il s'adresse au diable !

Guillemette

Vous me rappelez la fable du corbeau qui était perché sur une croix de cinq à six toises[1] de haut ; il tenait un fromage dans son bec. Arrivait là un renard qui vit le fromage et qui pensa en lui-même : « Comment l'aurai-je ? » Il se mit alors sous le corbeau. « Ha, fit-il, que tu as le corps beau et comme ton chant est mélodieux ! » Le corbeau dans sa bêtise, en entendant ainsi vanter son chant, ouvrit le bec pour chanter ; son fromage tombe à terre ; et maître Renard d'y planter les dents et de l'emporter. Il en est allé de même, j'en suis sûre, pour cette étoffe : vous l'avez piégé par la flatterie et vous l'avez attrapé à force de belles paroles, comme Renard pour le fromage. Vous l'avez pris par vos grimaces[2].

Pathelin

Il doit venir manger de l'oie. Alors voici ce qu'il nous faudra faire. Je suis certain qu'il va venir brailler pour avoir promptement[3] son argent. J'ai pensé à un bon tour : il faut que je me couche sur mon lit comme si j'étais malade. Et quand il viendra, vous direz : « Ha, parlez bas ! » et vous gémirez en faisant triste visage. « Hélas, ferez-vous, il est malade, depuis six semaines ou deux mois. » Et s'il vous dit : « Ce sont des balivernes[4], il vient de me quitter, à l'instant ! », « Hélas, ferez-vous, ce n'est pas le moment de plaisanter ! », et vous me laisserez l'embobiner[5], car il n'obtiendra rien d'autre.

---

1. **Toise** : ancienne unité de mesure de longueur (cinq à six toises = 10 à 12 mètres).
2. **Vous l'avez pris par vos grimaces** : vous l'avez trompé par votre comédie.
3. **Promptement** : rapidement.
4. **Balivernes** : mensonges.
5. **L'embobiner** : le berner, le duper.

Guillemette

Par l'âme que je porte en moi, je jouerai très bien mon rôle.
Mais si vous êtes repris et que la justice remette la main sur vous,
je crains qu'il ne vous coûte deux fois plus que la dernière fois.

Pathelin

Allons, taisez-vous, je sais bien ce que je fais. Il faut faire ce que je dis.

Guillemette

Pour Dieu, souvenez-vous du samedi où on vous mit au pilori[1].
Vous savez que chacun vous injuria à cause de vos tromperies.

Pathelin

Allons, laissez ce bavardage. Il va venir d'un moment à l'autre.
Il faut que cette étoffe nous reste. Je vais me coucher.

Guillemette

Allez-y donc.

Pathelin

Et ne riez point!

Guillemette

Pas de danger! je vais plutôt pleurer à chaudes larmes.

Pathelin

Il nous faut tous deux garder notre sérieux, pour qu'il ne s'aperçoive de rien.

---

1. Pilori: poteau situé sur une place publique où l'on exposait les condamnés aux regards de la foule.

Scène 4

Le drapier

Le drapier, *à son étal.*
Je crois que c'est le moment de boire un verre avant de partir. Hé non, inutile. Je dois boire et même manger de l'oie, par saint Mathelin[1], chez maître Pierre Pathelin, et là je recevrai mon argent. Je vais faire là une bonne affaire, c'est chose sûre,
5   à peu de frais. J'y vais, je ne peux plus rien vendre maintenant.

---

1. Saint Mathelin: dans la religion chrétienne, saint considéré comme le guérisseur des fous.

Arrêt sur lecture 1

Un quiz pour commencer

Cochez les bonnes réponses.

❶ *Quelle profession maître Pathelin exerce-t-il ?*
- ❏ Médecin.
- ❏ Banquier.
- ❏ Avocat.

❷ *Dans la scène 1, de quoi Guillemette se plaint-elle ?*
- ❏ De ses voisins bruyants.
- ❏ De sa pauvreté.
- ❏ De la façon dont Louis XI gouverne le royaume.

❸ *Quelles marchandises Guillaume Jossaume vend-il ?*
- ❏ Des chaussures.
- ❏ Des bijoux.
- ❏ Des tissus.

Arrêt sur lecture 1

❹ *Quelle marchandise maître Pathelin promet-il de ramener à son épouse ?*
- ❏ De belles étoffes pour tailler des habits neufs.
- ❏ Une oie grasse à faire rôtir.
- ❏ Un fromage de Normandie.

❺ *Face au drapier, que prétend maître Pathelin ?*
- ❏ Qu'il a quatre-vingts écus en poche.
- ❏ Qu'il est mécontent d'un achat précédent.
- ❏ Qu'il vient chercher une étoffe qu'il avait payée d'avance.

❻ *Quelle promesse maître Pathelin fait-il au drapier ?*
- ❏ Il promet qu'il lui offrira du bétail en échange de l'étoffe.
- ❏ Il promet qu'il lui présentera le poète François Villon.
- ❏ Il promet qu'il le paiera avec de l'or et qu'il lui offrira de bons mets.

❼ *De retour chez lui, comment Pathelin explique-t-il à son épouse qu'il ait pu acheter tant de tissu ?*
- ❏ La totalité du tissu ne lui a coûté qu'un denier.
- ❏ Le vendeur est un ami qui lui a fait un rabais.
- ❏ Par miracle, il a trouvé par terre un sac d'écus.

❽ *Comment Guillemette réagit-elle lorsque son mari lui explique son plan ?*
- ❏ Elle refuse catégoriquement d'être la complice d'un voleur.
- ❏ Elle accepte avec enthousiasme un tel projet.
- ❏ Elle est mécontente mais promet pourtant de jouer son rôle.

Des questions pour aller plus loin

🡢 Découvrir les caractéristiques de la farce

Un univers ordinaire

❶ Relisez la didascalie initiale de l'acte I : quels lieux le décor doit-il représenter ? Au Moyen Âge, où les farces étaient-elles jouées ?

❷ Dans les pages 9 à 23, relevez les éléments qui évoquent la vie quotidienne au Moyen Âge (lieux, professions, objets...).

❸ En observant les répliques et les intonations de Pathelin et de Guillemette dans la scène 1, dites sur quel type de scène courant au théâtre s'ouvre la pièce.

❹ Dans leur vie quotidienne, de quoi les personnages se préoccupent-ils principalement ?

Trois personnages en scène

❺ Dressez le portrait moral de Pathelin tel qu'il apparaît à travers l'acte I.

❻ Définissez, à partir des scènes 1 et 3, le caractère de Guillemette.

❼ Comment pourriez-vous qualifier la relation des deux époux ? Appuyez votre réponse sur quelques citations.

❽ Dans les scènes 2 et 4, qu'apprend-on sur le savoir-faire du drapier et sur son caractère ?

Le thème de la tromperie

❾ Prouvez que le thème de la tromperie est introduit dès les premières répliques de la pièce.

❿ Dans la scène 2, quelles sont les trois étapes de la stratégie mise en œuvre par Pathelin pour obtenir son étoffe ?

Arrêt sur lecture 1

❶ Pour les trois personnages, la tromperie n'est pas qu'un moyen d'obtenir ce qu'ils souhaitent, elle est aussi une source de plaisir : montrez-le en vous appuyant sur les scènes 3 et 4.

De nombreux procédés comiques

❷ Dans la scène 2, quelle impression Pathelin cherche-t-il à donner de lui et en quoi est-ce comique ? À quels moments Pathelin joue-t-il également la comédie dans la scène 3 ?

❸ Quels sont les passages où les attitudes des personnages (déplacements, gestes, mimiques) ont un effet particulièrement comique ?

❹ Relevez des passages où les mots employés par les personnages vous ont amusé(e) et expliquez pourquoi.

❺ Pour chacune des scènes de l'acte I, expliquez en quoi la situation dans laquelle se trouvent les personnages est drôle.

> *Rappelez-vous !*
> Les premières scènes de la farce présentent les personnages principaux, lancent l'action et mettent en place le ton du spectacle. Dans le premier acte de *La Farce de maître Pathelin*, le spectateur comprend que la tromperie est au centre de la pièce, et que cette dernière est comique.

La Farce de maître Pathelin

De la lecture à l'écriture

Des mots pour mieux écrire

❶ Le mot « maître » peut avoir plusieurs sens. Trouvez un synonyme qui mette en évidence le sens précis que prend le mot dans chacune des phrases suivantes.

a. Pendant plusieurs siècles, les hommes issus de cette famille noble ont été les maîtres du village.
b. Louis XI a été le maître de la France de 1461 à 1483.
c. Le maître d'armes a entraîné ses élèves en vue d'une compétition d'escrime.
d. Il s'est malheureusement choisi pour maître un garçon malhonnête.

❷ Complétez chacune des phrases suivantes avec les mots qui conviennent et accordez-les si nécessaire : didascalie, scène, aparté, réplique, intrigue.

a. L'_____ d'une pièce est l'ensemble des actions qui se déroulent sur scène.
b. Le dialogue théâtral est formé par une succession de _____.
c. Les propos tenus par un personnage sans que les autres personnages présents ne l'entendent se nomment des _____.
d. Le jeu des acteurs s'appuie sur les _____, des indications écrites en italique.
e. Une _____ débute dès qu'un personnage entre ou sort du plateau.

Arrêt sur lecture 1

À vous d'écrire

❶ Un jour, vous êtes passé(e) près de votre ancienne école primaire, où se tenait la fête de fin d'année. Votre ancien(ne) instituteur(trice) tenait un stand vendant des gourmandises qui vous faisaient envie, mais vous n'aviez pas d'argent. Vous avez tenté de convaincre l'instituteur(trice) de vous offrir quelque chose.
Consigne. Votre récit, d'une vingtaine de lignes, sera rédigé à la première personne et emploiera les temps du récit au passé (imparfait et passé simple). Il présentera les stratagèmes que vous aurez imaginés afin de convaincre votre interlocuteur (par exemple lui promettre de payer plus tard, faire appel à ses souvenirs pour l'attendrir). Vous conclurez en indiquant si vous avez réussi ou échoué.

❷ À la fin de l'acte I, le drapier est heureux d'avoir fait une vente et d'être invité à déguster une oie rôtie. Imaginez qu'il croise un autre marchand en se rendant chez Pathelin : écrivez leur dialogue, au cours duquel le drapier se vantera d'avoir dupé son client.
Consigne. Votre dialogue sera composé d'une douzaine de répliques. Il opposera la confiance du drapier et les doutes exprimés par son collègue. Vous respecterez la présentation d'un dialogue.

La Farce de maître Pathelin

Du texte à l'image

➡ *Une rue commerçante*, enluminure extraite d'un manuscrit français du xve siècle.
(Image reproduite en couverture.)

👁 *Lire l'image*

❶ Dans un dictionnaire ou sur Internet, cherchez ce qu'est une enluminure. Puis décrivez cette image de manière organisée, du premier plan à l'arrière-plan.
❷ Quel type de lieu est représenté ? Justifiez votre réponse.
❸ Quelle profession les différents personnages exercent-ils ?
❹ Au CDI, sur Internet ou dans votre manuel d'histoire, renseignez-vous sur les villes à la fin du Moyen Âge. Cette illustration vous paraît-elle correspondre à l'apparence réelle d'une ville du xve siècle ?

📄 *Comparer le texte et l'image*

❺ Quels éléments mentionnés dans *La Farce de maître Pathelin* retrouve-t-on dans cette illustration ? Illustrez votre réponse avec quelques citations du texte.
❻ Observez l'attitude des deux personnages qui discutent au premier plan. De quoi peuvent-ils parler ? À quels personnages de la pièce pourraient-ils faire penser ?

✏ *À vous de créer*

❼ Imaginez que vous voulez jouer la pièce sur la place d'une ville, comme au Moyen Âge. Réalisez un croquis de mise en scène pour l'acte I, en respectant les indications données par la didascalie initiale et en ajoutant des éléments de décor. Pensez également à un moyen de créer des coulisses alors que vous jouerez en extérieur.

ACTE II

Sur l'aire de jeu sont disposés, à un bout, l'étal du drapier, et, sur le reste de la scène, les tabourets et un lit qui sont « la maison de Pathelin ».

Scène 1
Le drapier, Guillemette, Pathelin

Le drapier, *devant « la maison de Pathelin ».*
Ho, maître Pierre!

Guillemette
Hélas, monsieur, par Dieu, si vous avez quelque chose à dire, parlez plus bas[1].

Le drapier
Dieu vous garde, madame.

Guillemette
5   Ho! plus bas!

Le drapier
Et qu'y a-t-il?

Guillemette
Par mon âme…

---
1. Plus bas: moins fort.

La Farce de maître Pathelin

Le drapier

Où est-il ?

Guillemette

Hélas, où doit-il être ?

Le drapier

10   Le... Qui ?

Guillemette

Ha, c'est mal dit, mon maître. Où il est ? Hé, Dieu en sa grâce le sache ! Il garde le lit[1]. Où il est ? Le pauvre martyr, onze semaines, sans en bouger !

Le drapier

De... Qui ?

Guillemette

15   Pardonnez-moi, je n'ose parler haut : je crois qu'il repose. Il est un peu assoupi[2]. Hélas, il est complètement assommé, le pauvre homme !

Le drapier

Qui ?

Guillemette

Maître Pierre.

Le drapier

20   Ouais ! n'est-il pas venu chercher six aunes de tissu à l'instant ?

Guillemette

Qui ? Lui ?

---

1. Il garde le lit : il reste au lit.
2. Assoupi : endormi.

Acte II, scène 1

LE DRAPIER

Il en vient, il en sort, il n'y a pas la moitié d'un quart d'heure. Payez-moi, que diable ! Je perds trop de temps. Allez, assez de baratin, mon argent !

GUILLEMETTE

Hé, pas de plaisanterie ! Ce n'est pas le moment de plaisanter.

LE DRAPIER

Allez, mon argent ! Êtes-vous folle ? Il me faut neuf francs !

GUILLEMETTE

Ha, Guillaume, ce n'est pas ici qu'il faut venir faire des farces ou lancer ses moqueries. Allez conter vos sornettes aux sots avec qui vous voudriez jouer.

LE DRAPIER

Je veux bien renier Dieu si je n'ai mes neuf francs !

GUILLEMETTE

Hélas, monsieur, tout le monde n'a pas envie de rire comme vous, ni de débiter des sottises.

LE DRAPIER

Allons, je vous en prie, sérieusement, s'il vous plaît, faites-moi venir maître Pierre.

GUILLEMETTE

Malheur à vous ! N'est-ce pas fini ?

LE DRAPIER

Ne suis-je pas ici chez maître Pierre Pathelin ?

La Farce de maître Pathelin

Guillemette

Oui. Que le mal saint Mathurin[1] – Dieu m'en préserve – s'empare de votre cerveau ! Parlez bas !

Le drapier

Que le diable s'y retrouve ! N'ai-je pas le droit de le demander ?

Guillemette

40   Que Dieu me vienne en aide ! Bas ! si vous ne voulez pas qu'il se réveille.

Le drapier

Comment « bas » ? Dois-je vous parler à l'oreille ? ou au fond du puits ou de la cave ?

Guillemette

Hé, Dieu ! que de bavardage ! D'ailleurs vous êtes toujours comme ça.

Le drapier

45   C'est diabolique quand j'y pense ! Si vous voulez que je parle bas, écoutez un peu : pour ce qui est de ce genre de plaisanteries, je ne m'y connais pas. Ce qui est vrai, c'est que maître Pierre a pris six aunes d'étoffe aujourd'hui.

Guillemette

Qu'est-ce que c'est que ça ? N'est-ce point fini ? Au diable tout
50   cela ! Voyons, quel « prendre » ? Ha, monsieur, la corde[2] pour celui qui ment ! Il est dans un tel état, le pauvre homme, qu'il n'a pas quitté le lit depuis onze semaines. Allez-vous nous débiter vos calembredaines[3] maintenant ? Est-ce raisonnable ? Vous sortirez de ma maison, par la Passion du Christ, malheureuse que je suis !

---

1. Le mal saint Mathurin : la folie.
2. La corde : la pendaison.
3. Calembredaines : sottises.

LE DRAPIER

55 Vous disiez que je devais parler tout bas : sainte Vierge Marie, vous criez !

GUILLEMETTE

C'est vous qui criez, sur mon âme ! vous qui n'avez que disputes à la bouche !

LE DRAPIER

Dites, pour que je m'en aille, donnez-moi…

GUILLEMETTE

60 Parlez bas, voulez-vous !

LE DRAPIER

Mais c'est vous-même qui allez le réveiller ! Vous parlez quatre fois plus fort que moi, palsambleu ! Je vous demande de me payer.

GUILLEMETTE

Et de quoi parlez-vous ? Êtes-vous ivre ou avez-vous perdu la tête, par Dieu notre père ?

LE DRAPIER

65 Ivre ? Au diable saint Pierre ! La belle question !

GUILLEMETTE

Hélas, plus bas !

LE DRAPIER

Par saint Georges, je vous demande, madame, l'argent de six aunes d'étoffe !

GUILLEMETTE

Oui, tiens ! Et à qui l'avez-vous donnée ?

La Farce de maître Pathelin

Le drapier

70 À lui-même.

Guillemette

Il est bien en état d'acheter de l'étoffe ! Hélas, il ne bouge pas. Il n'a aucun besoin d'avoir un habit. Le seul habit qu'il revêtira sera blanc et il ne partira d'où il est que les pieds devant[1].

Le drapier

C'est donc arrivé depuis le lever du soleil, car, aucun doute, je
75 lui ai parlé.

Guillemette

Vous avez la voix si forte ! Parlez plus bas, par charité !

Le drapier

Mais c'est vous, à la vérité ! vous-même qui criez, malheur de malheur ! Palsambleu, que d'affaire ! Si on me payait, je m'en irais. Par Dieu, chaque fois que j'ai fait crédit, je n'ai rien récolté
80 d'autre.

Scène 2

Guillemette, Le drapier, Pathelin

Pathelin, *de son lit.*

Guillemette, un peu d'eau de rose[2] ! Relevez-moi, remontez mon dos. Trut ! à qui parlé-je ? La carafe ! À boire ! Frottez-moi la plante des pieds !

---

1. Le seul habit qu'il revêtira sera blanc : linceul, drap blanc dans lequel on ensevelit un mort ; **les pieds devant** : mort (expression figurée).
2. Eau de rose : eau extraite des roses qui servait à revigorer ceux qui s'évanouissaient.

Le drapier

Je l'entends là.

Guillemette

Oui.

Pathelin

Ha, malheureuse, viens ici ! T'avais-je fait ouvrir ces fenêtres ? Viens me couvrir. Éloigne ces gens noirs ! *Marmara ! Carimari, carimara*[1] ! Éloignez-les de moi, éloignez-les !

Guillemette

Qu'y a-t-il ? Comme vous vous démenez ! Avez-vous perdu la raison ?

Pathelin

Tu ne vois pas ce que j'aperçois ! Voilà un moine noir qui vole ! Prends-le ! Passez-lui une étole[2] ! Au chat ! Au chat ! Comme il grimpe !

Guillemette

Hé, qu'y a-t-il ? N'avez-vous pas honte ? Par Dieu, c'est trop vous agiter !

Pathelin

Les médecins m'ont tué avec ces drogues qu'ils m'ont fait boire. Et pourtant, il faut leur faire confiance, ils font ce qu'ils veulent !

Guillemette

Hélas, venez le voir, cher monsieur. Il souffre si horriblement !

---

1. *Marmara ! Carimari, carimara* : formule magique destinée à éloigner la mort et les démons.
2. Étole : bande d'étoffe que le prêtre porte sur les épaules pendant la messe. Lors des exorcismes, on la mettait au cou des personnes que l'on croyait possédées.

Le drapier

Est-il malade pour de vrai, depuis le moment où il est revenu de la foire ?

Guillemette

De la foire ?

Le drapier

Par saint Jean, oui, je crois qu'il y a été. Pour l'étoffe dont je vous ai fait crédit, il m'en faut l'argent, maître Pierre.

Pathelin

Ha, j'ai chié deux petites crottes, maître Jean[1], plus dures que pierre, noires, rondes comme des pelotes. Dois-je prendre un autre clystère[2] ?

Le drapier

Hé, que sais-je ? Qu'en ai-je à faire ? Il me faut neuf francs, ou six écus !

Pathelin

Ces trois morceaux noirs et effilés – les appelez-vous des pilules ? – ils m'ont abîmé les mâchoires[3] ! Par Dieu, ne m'en faites plus prendre, maître Jean, ils m'ont fait tout rendre[4]. Ha, je ne connais rien de plus amer !

Le drapier

Non point, par l'âme de mon père. Vous n'avez pas rendu mes neuf francs.

---

1. Pathelin feint de prendre Guillaume pour son médecin.
2. Clystère : lavement effectué par l'anus.
3. Pathelin feint d'avoir pris des suppositoires pour des pilules.
4. Rendre : vomir. La réplique suivante joue sur les deux sens du mot, vomir et restituer.

Guillemette

Qu'on pende par le cou des gens aussi importuns[1] ! Allez-vous-en,
par tous les diables, puisque de par Dieu c'est impossible !

Le drapier

Par ce Dieu qui m'a donné la vie, j'aurai mon étoffe avant d'en finir, ou bien mes neuf francs.

Pathelin

Et mon urine, ne vous dit-elle pas que je dois mourir ? Hélas ! Pour Dieu, même si c'est bien long, je demande à ne point passer le pas[2].

Guillemette

Allez-vous-en ! Hé, n'est-ce pas honteux de lui casser la tête ?

Le drapier

Sacré nom de Dieu, six aunes d'étoffe, tout de suite ! Dites, est-ce convenable, franchement, que je les perde ?

Pathelin

Si vous pouviez amollir ma merde, maître Jean ! Elle est si dure que je ne sais comment je l'endure quand elle me sort du fondement[3].

Le drapier

Il me faut neuf francs rondement, par saint Pierre de Rome !

Guillemette

Hélas, vous torturez honteusement cet homme ! Hé, comment pouvez-vous être si insensible ? Vous voyez clairement qu'il s'imagine que vous êtes médecin. Hélas, le pauvre chrétien, il a assez

---

1. **Importuns** : insupportables, dérangeants.
2. **Passer le pas** : trépasser, mourir.
3. **Fondement** : derrière.

de malheur, onze semaines, sans répit, il est resté là, le pauvre homme !

LE DRAPIER

Palsambleu, je ne sais pas comment ce mal lui est venu, car il est venu aujourd'hui et nous avons fait affaire ensemble ; au moins, à ce qu'il me semble, ou alors je ne sais pas ce que ça peut être.

GUILLEMETTE

Par Notre Dame, mon bon maître, vous n'êtes pas dans votre état normal ; vous auriez besoin, croyez-moi, d'aller vous reposer un peu. Bien des gens pourraient raconter que vous venez ici pour moi. Sortez : les médecins vont venir présentement ici. Je ne tiens pas que l'on pense à mal, car pour moi je n'y pense pas.

LE DRAPIER

Sacredieu, en suis-je réduit là[1] ? Tudieu, je pensais... Un mot encore : n'avez-vous point d'oie au feu ?

GUILLEMETTE

Belle question ! Ha, monsieur, ce n'est pas une nourriture de malades. Mangez vos oies sans venir nous narguer. Par ma foi, vous êtes vraiment sans-gêne !

LE DRAPIER

Je vous prie de ne pas vous fâcher, car j'étais bien persuadé... Un mot encore...

Guillemette lui tourne le dos et s'en va.

---

1. En suis-je réduit là : en suis-je arrivé là.

Scène 3

LE DRAPIER

LE DRAPIER *s'éloigne et s'arrête.*
Sacredieu… Bon sang ! je vais aller vérifier. Je sais bien que je dois avoir six aunes de cette étoffe, d'une seule pièce[1]. Mais cette femme sème le chaos[2] dans mon esprit. Il les a eues vraiment ! Non point ! Diable, impossible de concilier tout cela. J'ai vu la mort qui vient le saisir, c'est sûr, ou bien il fait semblant. Mais si ! il les a prises, c'est un fait, et les a mises sous son aisselle. Par sainte Marie la vénérable, c'est non ! Je ne sais si je rêve, mais je n'ai pas l'habitude de donner mes étoffes ni en dormant ni en étant bien éveillé. Je n'en aurais fait crédit à personne, si obligé que je lui sois. Bon sang de Dieu, il les a eues ! Morbieu, il ne les a pas eues ! J'en suis assuré ! Il ne les a pas eues ? Mais où est-ce que je vais ? Il les a eues, bon sang de la Vierge ! Malheur, corps et âme, malheur à qui, moi compris, pourrait dire qui a raison ou qui a tort, d'eux ou de moi : je n'y vois goutte[3].

Il se dirige vers son étal.

---

1. D'une seule pièce : d'un seul morceau.
2. Chaos : grand désordre.
3. Je n'y vois goutte : je n'y vois rien.

Scène 4

Guillemette, Pathelin

Pathelin

Est-il parti ?

Guillemette

Silence, j'écoute, je ne sais pas ce qu'il marmotte. Il s'éloigne en grommelant si fort qu'il semble près de délirer.

Pathelin

Ce n'est pas le moment de me lever ? Comme il est arrivé à propos !

Guillemette

Je ne sais s'il ne reviendra point… Non ! ne bougez pas encore. Notre affaire s'effondrerait[1], s'il vous trouvait debout.

Pathelin

Saint Georges ! il a trouvé à qui parler, lui qui est si filou ! Voilà qui lui va mieux qu'un crucifix[2] dans une église.

Guillemette

Oui, à une canaille comme lui. Jamais lard ne tomba plus à point dans les pois. Ah, certes, il ne faisait jamais l'aumône[3] le dimanche !

Pathelin

Par Dieu, pas de rire ! S'il arrivait, ça pourrait nous attirer de gros ennuis. Je parie qu'il reviendra.

Guillemette

Ma foi, se retienne qui voudra, moi je ne le pourrais pas.

---
1. **Notre affaire s'effondrerait** : la supercherie serait révélée.
2. **Crucifix** : croix sur laquelle est figuré Jésus-Christ crucifié.
3. **Aumône** : somme d'argent donnée par charité à une personne pauvre.

Scène 5

Guillemette, Le drapier, Pathelin

Le drapier, *devant son étal.*

Hé, par ce beau soleil éclatant, je vais retourner, sans souci des protestations, chez cet avocat d'eau douce. Hé, Dieu! quel racheteur de rentes que ses parents ou ses parentes auraient vendues[1]! Mais, par saint Pierre, il a mon étoffe, le fourbe trompeur, je la lui ai remise ici même.

Guillemette

Quand je me souviens de la mine qu'il faisait en vous regardant, je ris! Il était si impatient de demander…

Pathelin

Allons, silence, étourdie! Je renie Dieu – non, jamais! – s'il arrivait qu'on vous entende, le mieux serait de prendre la fuite. Il est si teigneux!

Le drapier, *revenant chez Pathelin.*

Et cet ivrogne d'avocat au rabais[2]! Hé, tient-il les gens pour des guillaumes[3]? Par Dieu, il est aussi bon à pendre qu'un petit sou à ramasser. Il a mon étoffe, ou je renie Dieu! Hé, m'a-t-il joué ce tour? *(Devant chez Pathelin.)* Holà! où vous êtes-vous cachée?

Guillemette

Mon Dieu, il m'a entendue! J'ai l'impression qu'il va entrer dans une rage folle.

---

1. Quel racheteur de rentes que ses parents [...] auraient vendues : quel soi-disant rembourseur de dettes que ses parents auraient contractées.
2. Au rabais : minable.
3. Pour des guillaumes : pour des sots qui se laissent facilement tromper.

Pathelin
Je vais faire semblant de délirer. Allez à la porte.

Guillemette, *allant accueillir le drapier.*
Comme vous criez !

Le drapier
Crédieu, vous riez ! Allez, mon argent !

Guillemette
20 Sainte Vierge ! de quoi vous imaginez-vous que je rie ? Il n'y a pas plus malheureuse que moi en l'occurrence : il se meurt ! Vous n'avez jamais entendu pareille tempête, pareille frénésie. Il n'est pas sorti de son délire. Il délire, il chante, il bafouille, il embrouille toutes sortes de langues ! Il ne lui reste pas une
25 demi-heure à vivre. Par mon âme, je ris et pleure tout ensemble.

Le drapier
Je n'entends rien à ce rire ou à ces pleurs. Pour vous le dire au plus court : il faut que je sois payé.

Guillemette
De quoi ? Avez-vous perdu la tête ? Recommencez-vous vos folies ?

Le drapier
Je n'ai pas l'habitude qu'on me tienne un tel langage quand je
30 vends mon étoffe. Voulez-vous me faire prendre des vessies pour des lanternes[1] ?

Pathelin, *faisant semblant de délirer.*
Vite debout ! La reine des guitares ! Promptement ! Qu'on me l'amène ! Je sais bien qu'elle vient d'accoucher de vingt-quatre

---

1. Prendre des vessies pour des lanternes : prendre une chose pour ce qu'elle n'est pas (expression figurée).

guitareaux, enfants de l'abbé d'Iverneaux. Il me faut être son compère.

Guillemette
Hélas, pensez à Dieu le père, mon ami, et non à des guitares !

Le drapier
Hé, quels conteurs de balivernes que ces gens ! Allons, vite ! Qu'on me paie, en or ou en autre monnaie, le prix de l'étoffe que vous avez emportée.

Guillemette
Eh bien, si une fois vous vous êtes mal conduit, n'est-ce pas suffisant ?

Le drapier
Savez-vous ce qu'il en est, chère amie ? J'en appelle à Dieu, je ne comprends rien à cette « mauvaise conduite » ! Mais quoi ! il faut ou rendre ou se faire pendre ! En quoi vous fais-je tort si je viens ici pour demander ce qui m'appartient ? Car, par saint Pierre de Rome…

Guillemette
Hélas, comme vous tourmentez cet homme ! Certes, je vois bien à votre visage que vous n'êtes pas dans votre bon sens. Par la malheureuse pécheresse que je suis, si j'avais de l'aide, je vous ligoterais. Vous êtes complètement fou.

Le drapier
Hélas, j'enrage de ne pas avoir mon argent.

Guillemette
Ha, quelle sottise ! Signez-vous, *Benedicite* ! Faites le signe de croix.

Le drapier
Je renie Dieu si je donne jamais de l'étoffe à crédit ! Quel malade !

La Farce de maître Pathelin

> PATHELIN, *parlant dans la langue du Limousin*[1].

Mere de Diou, la coronade, par fye, y m'en voul anar, or renagne
biou! oultre mar! Veintre de Diou! z'en dit gigone! Castuy ça
rible et res ne done. Ne carrillaine, fuy ta none[2]! Qu'il ne me
parle pas de l'argent! Vous avez compris, cher cousin?

> GUILLEMETTE

Il avait un oncle du Limousin; c'était le frère de sa tante. C'est,
j'en suis sûre, ce qui le fait jargonner en limousinois.

> LE DRAPIER

Pardi, il s'en est allé en cachette avec mon étoffe sous son aisselle.

> PATHELIN, *parlant en picard*[3].

Venés ens, doulce damiselle. Et que veult ceste crapaudaille? Alés
en ariere, merdaille! Sa tost! je vueil devenir prestre. Or sa, que
le deable y puist estre en chelle vielle prestrerie! Et fault il que
le prestrerie quant il deust chanter sa messe[4]?

> GUILLEMETTE

Hélas, hélas, l'heure approche où il lui faut les derniers sacrements.

> LE DRAPIER

Mais comment parle-t-il parfaitement picard? D'où sort cette
sottise?

---

1. Limousin : région du centre de la France.
2. Mère de Dieu, la couronnée, par ma foi, je veux m'en aller outremer, ou renier Dieu! Ventre de Dieu, j'en dis gigone! Celui qui est ici vole et ne donne rien. Ne carillonne pas, fais un somme (trad. de Michel Rousse, Gallimard, « Folio classique », 1999).
3. Picard : dialecte parlé en Picardie, région du nord de la France.
4. Entrez, douce demoiselle. Et que désire cette crapaudaille? Partez, arrière! merdaille! Çà, vite! je veux devenir prêtre. Allons, le diable puisse avoir part à cette vieille prêterie! Hé, faut-il que le prêtre rie au lieu de chanter sa messe (trad. de Michel Rousse, Gallimard, « Folio classique », 1999).

Acte II, scène 5

Guillemette
Sa mère était de Picardie ; c'est pourquoi il le parle maintenant.

Pathelin, *parlant en flamand* [1].
D'où viens-tu, face de Mardi-Gras ? Vuacarme, lief gode man.
70 Etlbelic boq iglughe golan. Henrien, Henrien, conselapen. Ych salgneb nede que maigen. Grile, grile, scohehonden. Zilop, zilop, en mon que bouden. Disticlien unen desen versen. Mat groet festal ou truit denhersen. En vuacte viulle, comme trie ! Cha, à dringuer, je vous en prie ! Quoi ! act semigot yaue, et qu'on m'y
75 mette un peu d'eau, vuste vuille, pour le frimas [2] ! Faites venir messire Thomas bien vite pour qu'il me confesse.

Le drapier
Qu'est-ce que c'est que ça ? Il ne cessera donc de parler aujourd'hui des langues étrangères ? Si seulement il me donnait un gage ou mon argent, je m'en irais.

Guillemette
80 Par la Passion de Dieu, que je suis malheureuse ! Vous êtes un homme bien étrange ! Que voulez-vous ? Je ne comprends pas comment vous pouvez être à ce point obstiné.

Pathelin, *parlant en normand.*
Or cha, Renouart au tiné ! Bé dea, que ma couille est pelouse ! Elle semble une cate pelouse, ou a une moque a mïel. Bé, parlés
85 a moy, Gabriel. Les plées Dieu ! Qu'esse qui s'ataque à men cul ?

---

1. Flamand : langue parlée dans les Flandres, région de la Belgique qui englobait au Moyen Âge une petite partie du nord de la France.
2. Hélas, cher brave homme, je connais heureusement plus d'un livre. Henri, oh ! Henri, ah ! viens dormir. Je vais être bien armé. Alerte, alerte, trouvez des bâtons ! course, course, une nonne ligotée ! Des distiques garnissent ces vers, mais grand festoiement épanouit le cœur. Ah ! attendez un instant : il vient une tournée de rasades. Çà, à boire, je vous en prie ! Viens seulement, regarde seulement un don de Dieu, et qu'on m'y mette un peu d'eau ! Différez un instant à cause du frimas (trad. de L. E. Chevaldin reprise par Michel Rousse, Gallimard, « Folio classique », 1999).

Esse une vaque, une mouque ou ung escasbot ? Bé dea j'é le mau saint Garbot ! Suis je des foureux de Bayeux ? Jehan du Quentin sera joyeux, mais qu'il saiche que je le sée. Bée, par saint Miquiel, je berée volentiers a luy une fes[1].

Le drapier

Comment peut-il supporter l'effort de tant parler ? Ha, il devient fou !

Guillemette

Celui qui fut son maître d'école était normand : il se trouve qu'à sa fin il s'en souvient. Il s'en va.

Le drapier

Ha, sainte Marie ! Voici le plus grand délire où je me sois jamais trouvé. Jamais je n'aurais mis en doute qu'il était à la foire aujourd'hui.

Guillemette

C'est ce que vous croyiez ?

Le drapier

Saint Jacques, oui ! Mais je vois que c'est tout le contraire.

Pathelin, *parlant en breton.*

Sont il ung asne que j'orré braire ? Alast, alast, cousin, a moy ! Ilz le seront en grant esmoy le jour quant ne te verre. Il convient

---

1. Or çà, Renouart à la massue ! Bé, dia, que ma couille est poilue ! On dirait une chenille ou une abeille. Bé, parlez-moi, Gabriel. Par les plaies de Dieu, qu'est-ce qui s'attaque à mon cul ? Est-ce une vache, une mouche ou un bousier ? Bé dia, j'ai le mal de saint Garbot ! Suis-je des foireux de Bayeux ? Jehan Tout-le-Monde sera heureux s'il apprend que j'en suis. Bé, par saint Michel, je boirai volentiers un coup à sa santé (trad. de Michel Rousse, Gallimard, « Folio classique », 1999).

Acte II, scène 5

que je te herré, car tu m'as fait grant trichery. Ton fait, il sont tout trompery. Ha oul dandaoul en ravezeie corfha en euf[1].

Guillemette
Dieu vous soit en aide !

Pathelin
Huis oz bez ou dronc nos badou digaut an tan en hol madon
105 empedif dich guicebnuan quez quevient ob dre douch ama men ez cahet hoz bouzelou eny obet grande canou maz rehet crux dan hol con so ol oz merveil gant nacon aluzen archet epysy; har cals amour ha coureisy[2].

Le drapier
Hélas, pour Dieu, occupez-vous de lui. Il s'en va ! Comme il jar-
110 gonne ! Mais que diable bafouille-t-il ? Sainte Vierge, comme il bredouille ! Par le corps de Dieu, il marmonne ses mots si bien qu'on n'y comprend rien ! Il ne parle pas chrétien ni aucun langage connu.

Guillemette
C'est la mère de son père qui venait de Bretagne. Il se meurt !
115 Voilà qui nous indique qu'il lui faut les derniers sacrements[3].

Pathelin, *parlant en lorrain, puis en latin.*
Hé, par saint Gigon, tu te mens, vualx te Deu, couille de Lorraine ! Dieu te mette en bote sepmaine ! Tu ne vaulx mie une vielz nat.

---

1. Sont-ils un âne que j'entendrai braire ? Alas, alas, cousin, à moi ! Ils seront en grand émoi, le jour quand je ne te verrai pas. Il faut que je te haïsse, car tu m'as fait une grande fourberie (trad. de Michel Rousse, Gallimard, « Folio classique », 1999).
2. Puissiez-vous avoir mauvaise nuit, des saisissements par suite de l'incendie de vos biens ! Je vous souhaiterai à tous sans exception, tous tant que vous êtes ici, que vous rendiez une pierre de vos entrailles en faisant du bruit et des gémissements, au point que vous fassiez pitié à tous les chiens qui meurent complètement de faim. Tu auras l'aumône d'un cercueil, et beaucoup de tendresse et de civilité (trad. de J. Loth reprise par Michel Rousse, Gallimard, « Folio classique », 1999).
3. Derniers sacrements : rites qu'un prêtre pratique pour un mourant.

Va, sanglante bote sanat! Va, foutre! va, sanglant paillart! Tu me refais trop le gaillart. Par la mort bieu! Sa, vien t'en boire, et baille moy stan grain de poire, car vraiement il le mengera et, par saint George, il bura à ty: que veulx tu que je die? Dy, viens tu nient de Picardie, Jaques! nient se sont ebobis[1]. Et bona dies sit vobis Magister amantissime, Pater reverendissime. Quomodo brulis? Que nova? Parisius non sunt ova? Quid petit ille mercator? Dicat sibi quod trufator ille, qui in lecto jacet, vult ei dare, si placet, de oca ad comedendum. Si sit bona ad edendum. Pete sibi sine mora[2].

Guillemette

Sur mon âme, il va mourir tout en parlant. Comme sa bouche écume! Ne voyez-vous pas comme il révère hautement la divinité[3]? Sa vie s'échappe. Et moi je vais rester pauvre et malheureuse.

Le drapier

Il serait convenable que je me retire avant qu'il ne meure. Je pense qu'il y a peut-être des secrets dont il ne souhaiterait pas vous faire confidence devant moi à son trépas[4]. Pardonnez-moi, mais je vous jure que je croyais, sur mon âme, qu'il avait emporté mon étoffe. Adieu, madame. Pour Dieu, veuillez me pardonner!

---

1. Hé! par saint Gangulphe, tu t'abuses! Qu'il aille à Dieu, couille de Lorraine, Dieu te mette en vilaine semaine! Tu ne vaux pas un vieux con. Va, maudite hideuse savate! Va foutre, va, maudit paillard! Tu joues trop au fortiche avec moi. Morbleu, çà, viens-t'en boire et passe-moi ce grain de poivre, car vraiment ille mangera. Eh! par saint Georges, il boira à ta santé. Que veux-tu que je te dise? Dis, viens-tu de Picardie? Par saint Jacques, ils ne s'étonnent de rien (trad. de L. E. Chevaldin reprise par Michel Rousse, Gallimard, « Folio classique », 1999).
2. Hé, bonjour à vous, maître bien-aimé, père très révéré. Comment t'emmêles-tu? Quoi de neuf? À Paris, il n'y a pas d'œufs. Que demande ce marchand? Qu'il se dise que le trompeur qui est couché dans le lit veut lui donner, s'il lui plaît, de l'oie à manger. Si elle est bonne à manger, demande-le-lui sans retard (trad. de Michel Rousse, Gallimard, « Folio classique », 1999).
3. Il révère hautement la divinité: il prie Dieu avec un immense respect.
4. Trépas: mort.

Guillemette

Dieu bénisse votre journée et la mienne pareillement, pauvre éplorée que je suis !

Le drapier, *s'éloignant de chez Pathelin.*

Par sainte Marie la gracieuse, je suis plus abasourdi que jamais ! C'est le diable qui a pris l'étoffe à sa place pour me tenter. *Benedicite!*
140 Puisse-t-il ne jamais rien entreprendre contre moi ! Et puisqu'il en est ainsi, je la donne à qui l'a prise, au nom de Dieu.

Scène 6
Guillemette, Pathelin

Pathelin

Allons ! Vous ai-je donné une belle leçon ? Il s'en va donc, le beau Guillaume ! Dieu, que de menues conclusions[1] bouillonnent sous son crâne ! Il va en avoir des visions cette nuit quand il sera couché !

Guillemette

5 Comme il s'est fait moucher[2] ! N'ai-je pas bien joué mon rôle ?

Pathelin

Corbleu, à vrai dire, vous vous en êtes très bien tirée. En tout cas nous avons récupéré assez d'étoffe pour faire des habits.

---

1. De menues conclusions : de sots raisonnements.
2. Moucher : rabrouer, repousser vivement.

Scène 7
LE DRAPIER

LE DRAPIER, *devant son étal.*

Quoi ! On ne me sert que des tromperies, chacun m'emporte mes biens et prend ce qu'il peut attraper. Je suis bien le roi des jobards[1]. Même les bergers des champs me pigeonnent[2]. Le mien maintenant, à qui j'ai toujours fait du bien ! Il a eu tort de
5 se moquer de moi. Il faudra bien qu'il plie les genoux, par la Vierge couronnée !

---

1. Jobards : imbéciles.
2. Me pigeonnent : m'escroquent.

Arrêt sur lecture 2

Un quiz pour commencer

Cochez les bonnes réponses.

❶ *Que dit Guillemette au drapier lorsqu'il arrive chez elle ?*
- ❏ Elle lui demande de parler à voix basse car son époux est malade.
- ❏ Elle le prie de pardonner l'attitude de son époux.
- ❏ Elle propose de lui rendre les tissus emportés par son époux.

❷ *Comment Guillemette trouble-t-elle l'esprit du marchand ?*
- ❏ Elle lui dit que Pathelin est malade depuis onze semaines.
- ❏ Elle lui dit qu'elle vient de Flandres et parle mal le français.
- ❏ Elle lui dit que Pathelin est mort et enterré depuis huit jours.

❸ *Pour qui Pathelin fait-il semblant de prendre le drapier ?*
- ❏ Pour Dieu.
- ❏ Pour un croque-mort.
- ❏ Pour un médecin.

La Farce de maître Pathelin

❹ *Quelle erreur Guillemette commet-elle au début de la scène 5 ?*
- ❏ Elle rit devant Guillaume.
- ❏ Elle oublie ce qu'elle doit dire.
- ❏ Elle avoue la supercherie de Pathelin à Guillaume.

❺ *Comment Pathelin procède-t-il pour finir de troubler l'esprit de son créancier ?*
- ❏ Il lui fait plusieurs tours de magie.
- ❏ Il lui parle en plusieurs langues différentes.
- ❏ Il se déguise en quelqu'un d'autre.

❻ *Quelle attitude Guillemette adopte-t-elle pendant le délire de Pathelin ?*
- ❏ Elle fait des commentaires.
- ❏ Elle se bouche les oreilles.
- ❏ Elle s'en va.

❼ *Comment le drapier réagit-il lorsqu'il voit Pathelin devenir fou ?*
- ❏ Il se réjouit.
- ❏ Il prend peur.
- ❏ Il a pitié de lui.

❽ *Finalement, comment Guillaume explique-t-il la disparition de son étoffe ?*
- ❏ Il accuse de vol l'un de ses employés.
- ❏ Il l'attribue à un mauvais tour du diable.
- ❏ Il dit avoir fait une erreur d'inventaire.

❾ *Que fait Pathelin à la fin de l'acte II ?*
- ❏ Il revient à la raison et discute avec Guillaume.
- ❏ Il demande pardon à Guillaume.
- ❏ Il feint d'agoniser sous les yeux de Guillaume.

Arrêt sur lecture 2

Des questions pour aller plus loin

👉 Étudier la place du jeu dans l'acte II

Deux habiles trompeurs

❶ Montrez que Guillemette fait appel à la logique pour convaincre Guillaume qu'il se trompe. En quoi cela est-il contradictoire avec la situation ?

❷ Comment le personnage de Guillemette a-t-il évolué par rapport à la fin de l'acte I ?

❸ Dans les scènes 2 et 5, comment Pathelin s'y prend-il pour rendre crédible le mensonge qu'il a échafaudé ?

❹ Guillaume oscille sans cesse entre bon sens et crédulité. Recherchez les moments où il est lucide et ceux où le couple d'escrocs parvient à troubler son esprit.

Une farce dans la farce

❺ Relisez les pages 27, 28 et 50. Pathelin et Guillemette jouent la comédie : quand suivent-ils un plan défini à l'avance et quand improvisent-ils ?

❻ Quels effets la comédie que jouent Guillemette et Pathelin a-t-elle sur Guillaume ?

❼ Dans l'acte II, comment la complicité des deux époux se manifeste-t-elle ? Quel lien créent-ils avec le spectateur ?

Les jeux sur le langage

❽ À la scène 5, Pathelin parle en sept langues ou dialectes. Quel est l'effet produit sur le drapier d'une part, sur les spectateurs d'autre part ?

La Farce de maître Pathelin

❾ Montrez que l'acte II est pour Pathelin et Guillemette une fête du langage où ils jouent avec les mots (observez notamment les doubles sens, les mots inventés).

❿ Pathelin s'amuse à employer des mots ou des expressions désignant le corps. Quelles sont les deux scènes qui leur accordent une large place ? Relevez des exemples précis.

⓫ Dans la scène 5, sous le prétexte que Pathelin délire, l'auteur se moque des valeurs religieuses, transgressant ainsi la morale de l'époque. Cherchez des passages qui tournent la religion en dérision.

⓬ Dans la scène 6, Pathelin lance : « Vous ai-je donné une belle leçon ? » (p. 57). À qui peut-il s'adresser ?

> *Rappelez-vous !*
> L'acte II fait culminer la notion de jeu dans la pièce : au plaisir de jouer la comédie, Pathelin ajoute celui de jongler avec les mots. Le dramaturge lui-même, sous couvert du faux délire de son personnage, s'amuse à employer des mots scatologiques ou blasphématoires qui transgressent la morale de l'époque.

Arrêt sur lecture 2

De la lecture à l'écriture

Des mots pour mieux écrire

❶ Voici le texte original de la fin de la scène 5, en ancien français. Observez les mots puis complétez le tableau suivant.

LE DRAPIER

Par saincte Marie la gente !
Je me tiens plus ébaubely
Que oncques. Le deable en lieu de ly,
A prins mon drap pour moy tenter.
Benedicite ! Atenter
Ne puist il ja a ma personne !
Et puist qu'ainsi va, je le donne
Pour Dieu, a quiconques l'a prins.

Mots demeurés identiques en français moderne	Mots reconnaissables mais dont l'orthographe a changé	Mots disparus en français moderne

❷ Reliez chacun des verbes suivants à sa définition.

Murmurer • • parler en charabia, de façon incompréhensible.
Balbutier • • parler en détachant bien les syllabes des mots.
Babiller • • parler à voix très basse.
Baragouiner • • répliquer, répondre vivement.
Articuler • • bafouiller, parler de manière peu intelligible.
Rétorquer • • parler de choses sans importance, enfantines.

La Farce de maître Pathelin

À vous d'écrire

❶ Au cours d'une fête, un(e) élève fait croire qu'il(elle) est un(e) Anglais(e) ne sachant pas parler un mot de français ; mais arrive le moment où une personne astucieuse comprend la tromperie et lui tend un piège... Imaginez le récit de cette anecdote.
Consigne. Votre récit, d'une vingtaine de lignes, respectera les étapes suivantes : l'arrivée de l'élève, l'intérêt que chacun lui témoigne, son ridicule final. Il comportera un passage dialogué. Vous veillerez à employer des verbes de parole variés et à respecter les règles de présentation et de ponctuation d'un dialogue.

❷ Guillemette écrit à une amie pour lui raconter le tour qu'elle et son mari viennent de jouer à Guillaume. Imaginez cette lettre.
Consigne. La lettre relatera les étapes suivantes : la préparation de la comédie, le rôle joué par Guillemette elle-même, le jeu spectaculaire de son époux et leur satisfaction finale. Vous respecterez les règles de présentation d'une lettre personnelle.

Arrêt sur lecture 2

Du texte à l'image

➡ Pieter Bruegel le Jeune, *La Kermesse de Hoboken ou de saint Georges*, huile sur toile, fin du XVIe siècle-début du XVIIe siècle.
(Image reproduite en fin d'ouvrage, au verso de la couverture.)

👁 *Lire l'image*

❶ Quelle impression générale se dégage du tableau ? Pour répondre, appuyez-vous sur la construction du tableau, le nombre de personnages, les couleurs dominantes.

❷ Observez les bâtiments représentés et retrouvez l'église, l'auberge, la scène de théâtre en plein air. En vous aidant du titre du tableau, montrez que la fête qui a lieu dans le village est à la fois religieuse et populaire.

📄 *Comparer le texte et l'image*

❸ Sur la scène de théâtre, un personnage masculin est caché dans la hotte d'un autre. Selon vous, à quel genre théâtral la pièce qui est jouée peut-elle appartenir ? Quel thème a-t-elle probablement en commun avec *La Farce de maître Pathelin* ?

❹ L'atmosphère dégagée par le tableau vous semble-t-elle correspondre à celle de la pièce ? Justifiez votre réponse.

✏ *À vous de créer*

❺ Par groupes de deux, faites un court exposé sur le peintre Bruegel. Sur Internet et dans une encyclopédie, récoltez des informations sur sa biographie et son œuvre, puis recherchez quelques autres tableaux de Bruegel. Présentez votre exposé à l'aide d'un logiciel de traitement de texte.

ACTE III

Sur l'aire de jeu sont disposés, sur un côté, les tabourets qui sont « la maison de Pathelin », au milieu, un fauteuil pour le juge et un ou deux tabourets.

Scène 1
Le berger, Le drapier

Thibaut Agnelet, *berger.*
Dieu bénisse votre journée et votre soirée, mon bon monseigneur.

Le drapier
Ha, tu es là, coquin merdeux ! Quel bon serviteur ! Mais pour faire quoi ?

Le berger
Je ne voudrais pas vous déplaire, mais, je ne sais quel personnage
5 en habit rayé, mon bon monseigneur, hors de lui, tenant un fouet sans corde[1], m'a dit… mais je ne me souviens pas bien à vrai dire ce que ça peut être. Il m'a parlé de vous, mon maître… je ne sais quelle signation. Quant à moi, par sainte Marie, je n'y comprends rien ! Il m'a déballé, en vrac, « brebis », « à… de
10 l'après-midi », et il m'a fait un grand tintamarre de vous, mon maître, un gros raffut.

---

1. Personnage en habit rayé […] tenant un fouet sans corde : allusion à l'uniforme des huissiers. Un huissier exposait les plaintes de l'accusateur et donnait à l'accusé une assignation (et non une « signation ») à comparaître devant le juge.

Acte III, scène 1

LE DRAPIER

Si je n'arrive pas à te traîner devant le juge, je prie Dieu que le déluge s'abatte sur moi, et l'ouragan ! Tu ne m'assommeras plus de bête, je te jure, sans t'en souvenir ! Tu me paieras, quoi qu'il arrive, six aunes – je veux dire, l'abattage de mes bêtes et le dommage que tu m'as fait depuis dix ans.

LE BERGER

Ne croyez pas les médisants[1], mon bon monsieur, car, parole !...

LE DRAPIER

Et par la Vierge très honorée, tu les paieras samedi, mes six aunes d'étoffe – je veux dire, ce que tu as pris sur mes bêtes.

LE BERGER

Quelle étoffe ? Ha, monseigneur, vous êtes, je crois, en colère pour autre chose. Par saint Loup, mon maître, je n'ose dire un mot quand je vous regarde.

LE DRAPIER

Laisse-moi en paix ! Va-t'en et réponds à ton assignation[2], si bon te semble.

LE BERGER

Monseigneur, arrangeons-nous ensemble, au nom du Ciel, sans que j'aille plaider[3].

LE DRAPIER

Va, ton affaire est parfaitement claire. Va-t'en ! Pas d'accord, je le jure, ni d'accommodement[4] autre que ce qu'en décidera le juge. Eh quoi ? chacun pourra me tromper désormais, si je n'y mets pas bon ordre.

---

1. Médisants : personnes qui calomnient, qui disent du mal de quelqu'un.
2. Assignation : convocation à un procès.
3. Plaider : défendre ma cause devant le juge.
4. Accommodement : arrangement.

Le berger

Adieu, monsieur, et bien de la joie chez vous ! *(Seul.)* Il faut donc que je me défende.

Scène 2

Le berger, Pathelin, Guillemette

Le berger, *au seuil de « la maison de Pathelin »*.
Y a-t-il quelqu'un ?

Pathelin
Une corde autour de ma gorge, si ce n'est lui qui revient !

Guillemette
Hé, non, non, par saint Georges ! ce serait la catastrophe !

le berger, *entrant*.
Dieu protège cette maison et la bénisse !

Pathelin
5   Dieu te garde, l'ami. Que te faut-il ?

Le berger
On me prendra en défaut si je ne me présente à mon assignation, monseigneur, à « de l'après-midi », et, s'il vous plaît, vous y viendrez, mon bon maître, et vous défendrez ma cause[1], car je n'y connais rien, et je vous paierai très bien, quoique je sois
10   mal habillé.

---

1. Ma cause: mon cas, mon affaire.

Acte III, scène 2

Pathelin
Allons, viens ici et parle. Qu'es-tu ? Le plaignant ou l'accusé ?

Le berger
J'ai affaire à un malin – comprenez-vous bien ? – mon bon maître ; j'ai longtemps mené paître ses brebis pour lui et je les gardais. Mon Dieu, je voyais qu'il me payait bien peu. Est-ce que je peux tout dire ?

Pathelin
Oui, bien sûr. On doit tout dire à son conseiller[1].

Le berger
C'est la vérité vraie, monsieur, que je les lui ai assommées tant et si bien que plusieurs se sont évanouies plus d'une fois et sont tombées raides mortes, même si elles étaient en parfaite santé. Et ensuite je lui faisais croire, pour qu'il ne puisse m'en faire reproche, qu'elles mouraient de la clavelée[2]. « Ha, qu'il fait, sépare-la d'avec les autres, jette-la. » – « Volontiers » que je dis ! Mais ça se passait d'une autre façon, car, par saint Jean, je les mangeais, moi qui savais bien leur maladie. Que voulez-vous que je vous dise ? J'ai si bien continué ce manège, je lui en ai assommé et tué tant qu'il s'en est bien aperçu. Et quand il a compris qu'il était trompé, mon Dieu ! il m'a fait épier[3], car on les entend crier bien fort, comprenez-vous, quand on le fait. J'ai donc été pris sur le fait, je ne peux pas le nier ; aussi je voudrais vous prier – de mon côté je ne manque pas d'argent – que tous deux nous le prenions de court. Je sais bien que sa cause est bonne[4], mais vous trouverez bien, si vous le voulez, une raison qui la rendra mauvaise.

---

1. **Conseiller** : avocat.
2. **Clavelée** : variole (maladie contagieuse).
3. **Épier** : espionner.
4. **Que sa cause est bonne** : qu'il est dans son droit, que sa plainte est juste.

Pathelin

Franchement, seras-tu bien aise[1] ? Que donneras-tu si je renverse le bon droit de ta partie adverse, et si l'on te renvoie absous[2] ?

Le berger

35 Je ne vous paierai pas en sous, mais en beaux écus d'or à la couronne.

Pathelin

Alors ta cause sera bonne, fût-elle deux fois pire qu'elle n'est. Plus l'accusation est grave et plus vite je la ruine quand je veux montrer de quoi je suis capable. Tu vas entendre mes vocalises[3]
40 quand il aura exposé sa plainte ! Allons viens çà, j'ai une question :
– par le précieux Sang, tu es assez malicieux pour comprendre la ruse – comment est-ce que l'on t'appelle ?

Le berger

Par saint Maur, Thibaut l'Agnelet.

Pathelin

L'Agnelet ! Tu as chipé bien des agneaux de lait à ton maître ?

Le berger

45 Pour sûr, il se peut bien que j'en aie mangé plus de trente en trois ans.

Pathelin

Ça fait une rente de dix par an pour payer tes dés et ta chandelle[4]. Je crois que je lui damerai le pion. Penses-tu qu'il puisse trouver facilement des témoins par qui prouver les faits ? C'est le point
50 capital du procès.

---

1. Bien aise : assez riche.
2. Absous : ici, acquitté, déclaré innocent.
3. Mes vocalises : ma voix.
4. Pour payer tes dés et ta chandelle : dans une taverne, les dés étaient loués et les bougies payantes.

Le berger

Prouver, monsieur ? Sainte Marie ! par tous les saints du Paradis, il n'en trouvera pas un mais dix tout prêts à déposer[1] contre moi !

Pathelin

C'est un point qui nuit considérablement à ta cause. Voici à quoi je pensais : je ne montrerai pas que je suis de ton côté ou que je t'ai déjà vu.

Le berger

Non ? Mon Dieu !

Pathelin

Non, absolument pas. Mais voici ce qu'il faudra faire. Si tu parles, on te coincera à chaque coup sur les divers points, et dans de telles accusations, des aveux sont très préjudiciables[2] et nuisent diablement ! Pour cette raison, voici comment s'en sortir : aussitôt qu'on t'appellera pour comparaître en jugement, tu ne répondras absolument rien d'autre que « bée ! », quoi que l'on te dise. Et s'il arrive qu'on t'insulte en te disant : « Hé, puant connard, que Dieu vous accable de malheur ! Canaille, vous moquez-vous de la justice ? », dis : « Bée ! » « Ha, ferai-je, il est simple d'esprit, il s'imagine parler à ses bêtes. » Mais, même s'ils devaient s'y casser la tête, ne laisse pas d'autre mot sortir de ta bouche ! garde-t'en bien !

Le berger

Je suis le premier intéressé. Je m'en garderai soigneusement et je m'y conformerai très exactement, je vous le promets et je vous le jure.

---

1. Déposer : témoigner.
2. Préjudiciables : qui font du tort.

Pathelin

Alors fais bien attention! Ne fléchis[1] pas. Et même à moi, quoi que je puisse te dire ou te proposer, ne réponds pas autrement.

Le berger

Moi? Non, non, sur mon âme. Dites franchement que je deviens
75 fou si, à vous ou à quelqu'un d'autre, de quelque nom qu'on me traite, je dis aujourd'hui autre chose que le «bée» que vous m'avez appris.

Pathelin

Par saint Jean, de la sorte on prendra ton adversaire par la grimace. Mais fais aussi en sorte que je sois satisfait de ce que tu me
80 donneras quand ce sera fini.

Le berger

Monseigneur, si je ne vous paie mot à mot[2] ce que vous demandez, je ne mérite plus aucun crédit. Mais, je vous prie, veillez attentivement à mon affaire.

Pathelin

Par Notre Dame de Boulogne, je suis sûr que le juge est en train
85 de siéger, car il commence toujours sa séance à six heures ou à peu près. Allons, mets-toi en route après moi, nous ne ferons pas le chemin ensemble tous deux.

Le berger

Voilà qui est bien trouvé: comme ça on ne verra pas que vous êtes mon avocat.

Pathelin

90 Notre Dame! À malin malin et demi, si tu ne payes largement!

---

1. Ne fléchis pas: ne cède pas, tiens bon.
2. Mot à mot: exactement.

Le berger
Par Dieu, exactement et mot à mot ce que vous demandez, monseigneur, n'ayez crainte.

Le berger s'éloigne.

Pathelin, *seul.*
Hé, mon Dieu, même s'il ne pleut à verse, il tombera bien quelques gouttes. Au moins obtiendrai-je un petit quelque chose. Je tirerai
95 bien de lui, si tout marche bien, un écu ou deux pour ma peine.

Scène 3
Le berger, Pathelin, Le drapier, Le juge

Pathelin, *arrivant devant le juge.*
Monsieur, que Dieu vous accorde bonne chance et tout ce que votre cœur désire.

Le juge
Soyez le bienvenu, monsieur. Couvrez-vous donc[1]. *(L'invitant à s'asseoir à ses côtés.)* Prenez place là.

Pathelin, *restant debout à l'écart.*
5 Mon Dieu, je suis bien comme ça, avec votre permission, je suis plus à l'aise ici.

Le juge
S'il y a quelque affaire, qu'on en finisse vite, afin que je m'en aille.

---

1. Couvrez-vous donc : remettez votre chapeau. Pathelin s'était découvert en signe de respect.

La Farce de maître Pathelin

Le drapier

Mon avocat va arriver, il achève une petite chose qu'il faisait et, s'il vous plaisait, monseigneur, vous feriez bien de l'attendre.

Le juge

Hé diable, j'ai à faire ailleurs. Si la partie adverse est présente, expliquez-vous sans plus attendre. *(Le drapier hésite à commencer.)* Alors n'êtes-vous pas le plaignant[1] ?

Le drapier

Si, c'est bien ça.

Le juge

Où est l'accusé ? Est-il présent ici en personne ?

Le drapier

Oui, vous le voyez là-bas qui ne dit mot, mais Dieu sait ce qu'il en pense.

Le juge

Puisque vous êtes tous les deux présents, formulez votre plainte.

Le drapier

Voici donc ce dont je me plains. Monseigneur, c'est pure vérité que, pour l'amour de Dieu et par charité, je l'ai élevé quand il était enfant et quand j'ai vu qu'il était en âge d'aller aux champs, pour faire bref, j'ai fait de lui mon berger et l'ai mis à garder mes bêtes. Mais aussi vrai que vous êtes assis là, monseigneur le juge, il a fait un tel carnage de mes brebis et de mes moutons que sans faute…

le juge, *l'interrompant.*

Bon, écoutez, n'était-il pas votre salarié ?

---

1. Plaignant : personne qui porte plainte.

Acte III, scène 3

PATHELIN
Oui, car s'il s'était amusé à l'employer sans salaire…

LE DRAPIER, *reconnaissant Pathelin.*
Je suis prêt à renier Dieu si ce n'est pas vous, vraiment vous !

LE JUGE, *voyant Pathelin
qui met sa main devant son visage.*
Que vous tenez haut votre main ! Avez-vous mal aux dents, maître Pierre ?

PATHELIN
30 Oui, elles me tourmentent au point que jamais je n'ai senti une telle rage. Je n'ose lever la tête. Par Dieu, faites-les continuer.

LE JUGE
Allons, terminez votre plainte. Vite, concluez clairement.

LE DRAPIER
C'est lui et personne d'autre, vraiment ! Par la croix où Dieu fut étendu, c'est à vous que j'ai vendu six aunes d'étoffe, maître Pierre !

LE JUGE
35 Qu'est-ce que l'étoffe vient faire ici ?

PATHELIN
Il divague[1]. Il s'imagine en venir au fait, mais il ne sait plus s'en sortir parce que ce n'est pas son métier.

LE DRAPIER
Je veux être pendu si c'est un autre qui l'a emportée, mon étoffe, bon sang de bon sang !

---

1. Il divague : il délire, il tient des propos dénués de raison.

Pathelin

40 Comme le pauvre homme va chercher loin pour étoffer sa plainte ! Il veut dire – quel balourd ! – que son berger avait vendu la laine – c'est ce que j'ai compris – dont a été faite l'étoffe de mon habit, comme s'il voulait dire qu'il le vole et qu'il lui a dérobé la laine de ses brebis.

Le drapier

45 Que Dieu me plonge dans tous les maux, si vous ne l'avez pas !

Le juge

Silence, de par le diable, vous dites n'importe quoi ! Hé, ne pouvez-vous revenir au fait sans retarder la cour avec de telles sornettes ?

Pathelin

J'ai mal et il faut que je rie ! Il est déjà si embrouillé qu'il ne sait plus où il en était. Il faut que nous l'y ramenions.

Le juge

50 Allons, revenons à ces moutons[1] ! Que leur est-il arrivé ?

Le drapier

Il en emporta six aunes, pour neuf francs.

Le juge

Sommes-nous des imbéciles ou des idiots ? Où croyez-vous être ?

Pathelin

Bon sang, il vous mène en bateau ! Qu'il a l'air rustaud[2] ! Mais je conseille qu'on examine un peu sa partie adverse[3].

---

1. Cette réplique, devenue célèbre dès les premières représentations de la pièce, est l'origine de l'expression figurée « revenons à nos moutons », toujours employée, et qui signifie « revenons au sujet de départ ».
2. Rustaud : rustre, inculte.
3. Sa partie adverse : son adversaire.

Le juge

55 Vous avez raison. Il le fréquente, il le connaît forcément. Approche donc, parle.

Le berger

Bée !

Le juge

C'est trop fort ! Qu'est-ce que ce « bée » ? Suis-je une chèvre ? Réponds !

Le berger

60 Bée !

Le juge

Que Dieu t'inflige une sanglante fièvre ! Hé, te moques-tu ?

Pathelin

Croyez qu'il est fou ou stupide, ou qu'il s'imagine être avec ses bêtes.

Le drapier

(À Pathelin.) Je renie Dieu si ce n'est vous, et personne d'autre, 65 qui l'avez emportée, mon étoffe ! *(Au juge.)* Ha, vous ne savez, monseigneur, avec quelle fourberie…

Le juge

Hé, taisez-vous ! Êtes-vous idiot ? Ne parlez plus de ce détail et venons-en à l'essentiel.

Le drapier

Oui, monseigneur, mais cette affaire me concerne pourtant…
70 Par ma foi, ma bouche n'en dira plus un seul mot. Une autre fois il en ira comme il pourra. Pour l'instant je ne peux qu'avaler la

pilule sans la croquer[1]. Je disais donc, pour rester dans mon sujet, que j'avais donné six aunes… je veux dire, mes brebis… Je vous en prie, monsieur, excusez-moi. Ce gentil maître… mon berger, quand il lui fallait aller aux champs… Il me dit que j'aurais six écus d'or quand je viendrais… je veux dire, il y a de ça trois ans, mon berger s'engagea à me garder loyalement mes brebis et à ne m'y faire ni dommage ni mauvais tour… Et puis maintenant, il me nie tout, et l'étoffe et l'argent. Ha, maître Pierre, vraiment… Ce coquin-là me volait la laine de mes bêtes, et bien qu'elles fussent parfaitement saines, il les faisait mourir et périr en les assommant et en les frappant avec de gros bâtons sur le crâne… Quand mon étoffe fut sous son aisselle, il se mit rapidement en route, et m'invita à passer chez lui chercher six écus d'or.

Le juge

Il n'y a ni rime ni raison dans tout ce que vous débitez. Qu'est-ce qu'il y a ? Vous entrelardez[2] votre propos d'une chose puis d'une autre. Au total, sacré bon sang, je n'y vois goutte. Il s'embrouille avec l'étoffe et vient ensuite babiller de brebis, au petit bonheur ! Il n'y a aucune cohérence dans ses propos.

Pathelin

Je suis prêt à parier qu'il retient son salaire au pauvre berger !

Le drapier

Par Dieu, vous feriez mieux de vous taire ! Mon étoffe, aussi vrai que la messe… – je sais mieux que vous ou un autre où le bât me blesse[3] – Tête Dieu, vous l'avez !

Le juge

Qu'est-ce qu'il a ?

---

1. **Avaler la pilule sans la croquer** : accepter la situation sans protester.
2. **Entrelardez** : farcissez.
3. **Où le bât me blesse** : où est mon problème.

LE DRAPIER

95 Rien, monseigneur. Sur mon âme, c'est le plus grand trompeur… Holà, je ne vais plus en parler si je peux, et je n'en dirai plus un mot aujourd'hui, quoi qu'il advienne.

LE JUGE

Hé, non ! et tâchez de vous en souvenir ! Allez, concluez clairement.

PATHELIN

Ce berger n'est pas en état de répondre aux faits exposés sans
100 l'aide d'un conseiller, et il n'ose ou ne sait en demander. Si vous vouliez commander que je l'assiste, je le défendrais.

LE JUGE

Le défendre, lui ? J'ai bien peur que ce soit la dèche complète : c'est Bourse-Vide[1].

PATHELIN

Pour moi, je vous jure qu'aussi bien je ne veux rien lui demander.
105 Ce sera pour l'amour de Dieu ! Je vais donc apprendre du pauvre garçon ce qu'il voudra bien me dire, et s'il saura m'éclairer pour répondre aux accusations de son adversaire. Il aurait du mal à se sortir de cette histoire si on ne lui venait pas en aide. *(Au berger.)* Approche, mon ami. Si on pouvait trouver… *(Le berger regarde*
110 *ailleurs et feint de ne pas entendre…)* Tu comprends ?

LE BERGER

Bée !

PATHELIN

Quoi « bée », crénom ? Par le saint sang que Dieu versa, es-tu fou ? Dis-moi ton affaire.

---

1. Bourse-Vide: personnage imaginaire de va-nu-pieds qui n'a plus un sou en poche.

Le berger

Bée !

Pathelin

115 Quoi « bée » ? Entends-tu tes brebis bêler ? C'est pour ton bien, comprends-le.

Le berger

Bée !

Pathelin

Hé, dis au moins « oui » ou « non » ! *(Tout bas, au berger.)* Très bien. Continue ! *(À haute voix.)* Parleras-tu ?

Le berger

120 Bée !

Pathelin

(Tout bas, au berger.) Plus fort ! *(À haute voix.)* Sinon ça te coûtera cher, je le crains.

Le berger

Bée !

Pathelin

Allons, il faut être encore plus fou que ce fou congénital[1] pour
125 lui faire un procès ! Ah, monsieur, renvoyez-le à ses brebis ! Il est fou de naissance.

Le drapier

Il est fou ? Par le saint Sauveur des Asturies, il est plus avisé que vous tous !

---

1. Congénital : de naissance.

Le Juge

Envoyez-le garder ses bêtes, et sans autre convocation. Qu'il ne revienne jamais! Maudit soit qui assigne ou fait assigner en justice de tels fous!

Le Drapier

Hé, le renverra-t-on avant que je puisse être entendu?

Le Juge

Mon Dieu, étant donné qu'il est fou, oui. Pourquoi ne le renverrait-on pas?

Le Drapier

Hé diable, monsieur, laissez-moi au moins parler auparavant et présenter mes conclusions. Il ne s'agit dans mes propos ni de tromperies ni de moqueries.

Le Juge

C'est ennui sur ennui que de faire un procès à des fous ou à des folles! Écoutez. En peu de mots: le tribunal ne siégera pas plus longtemps.

Le Drapier

Vont-ils partir sans être tenus de revenir?

Le Juge

Et quoi donc?

Pathelin

Revenir? Vraiment, vous n'avez jamais vu plus fou; inutile de répondre. Quant à l'autre, il n'a pas une once[1] de bon sens, il ne vaut pas mieux. Tous les deux sont fous et n'ont rien dans

---

1. Once: ancienne unité de mesure de poids (ici, «pas une once» signifie «pas un gramme»).

la cervelle. Par sainte Marie la belle, à eux deux ils n'en ont pas un carat[1] !

LE DRAPIER

Vous l'avez emportée par tromperie, mon étoffe, sans payer, maître Pierre. Sacrebleu, je ne suis qu'un pauvre pécheur ! Ce n'était pas agir en honnête homme.

PATHELIN

Je renie saint Pierre de Rome s'il n'est complètement fou, ou en train de le devenir !

LE DRAPIER

Je vous reconnais à votre voix, et à votre habit, et à votre visage. Je ne suis pas fou et je suis assez avisé pour reconnaître qui me veut du bien. *(Au juge.)* Je vous conterai toute l'affaire, monseigneur, sur ma conscience.

PATHELIN

(Au juge.) Hé, monsieur, imposez-leur silence ! *(Au drapier.)* N'avez-vous pas honte de tant chicaner[2] ce berger ? Pour trois ou quatre vieilleries de brebis ou de moutons qui ne valent pas deux clous, vous en faites une litanie[3] plus longue…

LE DRAPIER

Quels moutons ? C'est une vraie ritournelle ! C'est à vous en personne que je m'adresse, et vous la rendrez, par le Dieu qui voulut naître à Noël.

LE JUGE

Voyez-vous ! Me voici bien loti ! Il ne va pas cesser de brailler.

---

1. Carat : unité de mesure du poids des pierres précieuses.
2. Chicaner : persécuter.
3. Litanie : série de plaintes.

Acte III, scène 3

LE DRAPIER

165 Je lui demande…

PATHELIN

Faites-le taire. Hé, par Dieu, c'est trop de bavardages ! Supposons qu'il en ait tué six ou sept ou une douzaine, et qu'il les ait mangés : bon sang, vous en êtes bien lésé[1] ! Vous avez gagné bien plus pendant qu'il vous les a gardés.

LE DRAPIER

170 Regardez, monsieur, regardez ! je lui parle étoffe et il répond moutons. Six aunes d'étoffe ! Où sont-elles ? Vous les avez mises sous votre aisselle ! Ne pensez-vous point me les rendre ?

PATHELIN

Ha ! monsieur, le ferez-vous pendre pour six ou sept bêtes à laine ? Reprenez vos esprits, ne soyez pas impitoyable pour le pauvre
175 berger accablé, qui est nu comme un ver.

LE DRAPIER

Voilà qui est changer de sujet ! C'est bien le diable qui me fit vendre de l'étoffe à un tel roublard[2]. Voyons, monseigneur, je lui demande…

LE JUGE

Je l'absous de votre plainte et vous interdis de poursuivre le
180 procès. Quel bel honneur que de plaider contre un fou ! *(Au berger.)* Retourne à tes bêtes !

LE BERGER

Bée !

---

1. Lésé : ruiné.
2. Un tel roublard : un homme si rusé.

Le juge, *au drapier.*

Vous montrez bien ce que vous êtes, monsieur, par le sang de la Vierge !

Le drapier

185 Hé ! voyons, monseigneur, sur mon âme, je veux lui…

Pathelin

Ne pourrait-il se taire ?

Le drapier

Mais c'est à vous que j'ai affaire ! Vous m'avez trompé par votre fausseté, et vous avez emporté furtivement mon étoffe, grâce à vos belles paroles.

Pathelin

190 J'élève la plus ferme protestation ! Hé, l'entendez-vous bien, monseigneur ?

Le drapier

Grand Dieu, vous êtes le plus grand des trompeurs ! *(Au juge.)* Monseigneur, je veux dire…

Le juge

Nous sommes en pleine bouffonnerie avec vous deux, en pleine
195 chamaillerie. Grand Dieu, je suis d'avis de m'en aller. *(Au berger.)* Va-t'en, mon ami. Ne reviens jamais plus, même si un sergent te convoque. La cour t'absout, comprends-tu bien ?

Pathelin

Dis : « merci beaucoup ».

Le berger

Bée !

Le juge
200 Je dis bien : va-t'en, ne t'inquiète pas, c'est inutile !

Le drapier
Est-il normal qu'il s'en aille comme ça ?

Le juge
Hé, là ! j'ai à faire ailleurs. C'est vraiment trop vous moquer. Vous ne me ferez pas rester davantage, je m'en vais. Voulez-vous venir souper avec moi, maître Pierre ?

Pathelin
205 Je ne puis.

Le juge s'éloigne.

Scène 4
Le berger, Pathelin, Le drapier

Le drapier
Ha, que tu es un rusé larron[1] ! Dites, ne serai-je point payé ?

Pathelin
De quoi ? Êtes-vous dérangé ? Mais qui croyez-vous que je sois ? Bon sang de moi, je me demandais pour qui vous me prenez.

Le drapier
Bée, là !

---

1. Larron : voleur.

La Farce de maître Pathelin

Pathelin

Cher monsieur, contrôlez-vous. Je vais vous dire, sans plus attendre, pour qui vous vous imaginez me prendre : n'est-ce point pour l'Écervelé[1] ? (*Il ôte son chaperon.*) Regarde ! Que non, il n'a pas le crâne chauve comme moi.

Le drapier

Voulez-vous me prendre pour un imbécile ? C'est vous en personne, vous de vous ! c'est bien le son de votre voix, n'allez pas croire autre chose.

Pathelin

Moi de moi ? Vraiment pas, non. Ôtez-vous ça de la tête. Ne serait-ce pas Jean de Noyon[2] ? Il me ressemble, il a la même taille.

Le drapier

Hé diable, il n'a pas le visage si aviné[3] ni si pâle ! Ne vous ai-je pas laissé malade à l'instant, dans votre maison ?

Pathelin

Ha, la belle explication que voilà ! Malade ! Et de quelle maladie ? Avouez votre sottise, elle est à présent bien claire.

Le drapier

C'est vous, ou je renie saint Pierre ! Vous et personne d'autre, je le sais bien, c'est la pure vérité !

Pathelin

N'en croyez rien, car ce n'est certainement pas moi. Je ne vous ai jamais pris une aune ou la moitié d'une aune, je n'ai pas cette réputation.

---

1. L'Écervelé : personnage imaginaire de fou.
2. Jean de Noyon : personnage inconnu. Peut-être s'agit-il d'un jeu de mots : un niais (un « Jean ») qui nie sans cesse (en ancien français, « noier » signifier « nier »).
3. Aviné : marqué par l'alcool.

Le drapier

Ha, çà! je vais voir dans votre logis, sacré bon sang, si vous y êtes. Nous n'aurons plus à nous casser la tête ici, si je vous trouve là-bas.

Pathelin

25 Par Notre Dame, c'est cela! De cette façon vous le saurez bien.

Le drapier s'en va.

Scène 5

Le berger, Pathelin

Pathelin, *s'approchant du berger.*

Dis, Agnelet.

Le berger

Bée!

Pathelin

Approche, viens. Ton affaire est-elle bien réglée?

Le berger

Bée!

Pathelin

5 La partie adverse est partie, ne dis plus «bée», c'est inutile. L'ai-je bien embobiné? Ne t'ai-je pas conseillé de belle façon?

Le berger

Bée!

Pathelin

Hé, dis, on ne t'entendra pas. Parle sans crainte, ne t'inquiète pas.

Le berger

Bée!

Pathelin

10 Il est temps que je m'en aille. Paie-moi.

Le berger

Bée!

Pathelin

Pour dire la vérité, tu as été excellent dans ton rôle ; excellente aussi la mine que tu faisais. Ce qui l'a achevé, c'est que tu t'es retenu de rire.

Le berger

15 Bée!

Pathelin

Quoi, « bée » ? Il n'est plus besoin de le dire. Paie-moi bien et gentiment.

Le berger

Bée!

Pathelin

Quoi, « bée » ? Parle normalement et paie-moi, je m'en irai.

Le berger

20 Bée!

Pathelin

Sais-tu quoi ? Je vais te le dire : je te prie, cesse de brailler et pense à me payer. Je ne veux plus de tes bêlements. Paie-moi vite!

Le berger

Bée!

Acte III, scène 5

Pathelin

Te moques-tu ? Est-ce là tout ce que tu feras ? Bon sang, tu me paieras, comprends-tu ? Si tu ne t'envoles pas. Allez, l'argent !

Le berger

Bée !

Pathelin

Tu veux rire ! Comment ? N'en tirerai-je rien d'autre ?

Le berger

Bée !

Pathelin

Tu en rajoutes ! Hé, à qui crois-tu vendre tes sornettes ? Sais-tu ce qu'il en est ? Cesse désormais de me débiter ton « bée » et paie-moi !

Le berger

Bée !

Pathelin

(À part.) N'en tirerai-je rien d'autre, pas d'argent ? *(Au berger.)* De qui crois-tu te moquer ? Moi qui devais être si content de toi ! Fais donc en sorte que je sois content de toi.

Le berger

Bée !

Pathelin

Me fais-tu manger de l'oie[1] ? Sacrebleu ! ai-je vécu jusque-là pour qu'un berger, un mouton en habit, un paillard[2] rustaud se moque de moi ?

---

1. Me fais-tu manger de l'oie : me trompes-tu.
2. Un paillard : un débauché, un homme qui ne respecte pas la morale.

Le berger

Bée !

Pathelin

40 *(À part.)* N'en tirerai-je rien d'autre, pas un mot ? *(Au berger.)* Si tu le fais pour te divertir, dis-le, et ne me laisse pas en discuter plus longtemps. Viens-t'en souper à la maison.

Le berger

Bée !

Pathelin

Par saint Jean, tu as raison. Les oisons mènent les oies paître[1] !
45 Je me targuais[2] de l'emporter sur tout le monde et être le maître des trompeurs d'ici et d'ailleurs, des escrocs et des faiseurs de promesses, à tenir au jour du Jugement dernier. Et un berger des champs me surpasse ! Par saint Jacques, si je trouvais un bon sergent[3], je te ferais prendre !

Le berger

50 Bée !

Pathelin

Heu ! « Bée » ! Je veux bien être pendu si je ne vais appeler un bon sergent ! Et malheur à lui s'il ne t'emprisonne !

Pathelin sort.

Le berger

S'il me trouve, je lui pardonne !

Le berger s'enfuit.

---

1. Les oisons mènent les oies paître: les petits des oies guident leur mère vers la nourriture ; autrement dit, c'est le monde à l'envers.
2. Targuais: vantais.
3. Sergent: policier.

Arrêt sur lecture 3

Un quiz pour commencer

Cochez les bonnes réponses.

❶ *De quoi le drapier accuse-t-il le berger ?*
- ❏ D'être amoureux et de ne plus effectuer son travail sérieusement.
- ❏ De tuer des bêtes qui lui appartiennent et de les manger en cachette.
- ❏ De ne pas rapporter une laine de bonne qualité.

❷ *Pourquoi Thibaut, mis en procès, se rend-il chez Pathelin ?*
- ❏ Il a besoin d'un avocat.
- ❏ Pathelin est un ami de longue date.
- ❏ Pathelin connaît le drapier et pourra intercéder en sa faveur.

❸ *Quel conseil Pathelin donne-t-il à Thibaut ?*
- ❏ Avouer toute la vérité.
- ❏ S'enfuir au plus vite.
- ❏ Répondre « bée » à tout ce qu'on lui dira.

La Farce de maître Pathelin

❹ *Devant le juge, comment Guillaume réagit-il en voyant Pathelin ?*
- ❒ Il l'accuse d'être un voleur comme Thibaut.
- ❒ Il se réjouit de le revoir en excellente santé.
- ❒ Il se souvient des bons moments vécus ensemble.

❺ *Pourquoi le drapier perd-il son procès ?*
- ❒ Parce que son avocat le défend mal.
- ❒ Parce qu'il est perturbé et n'expose pas clairement ses accusations.
- ❒ Parce que le juge se trompe de dossier.

❻ *À quoi le juge a-t-il l'impression d'assister ?*
- ❒ À une scène de farce.
- ❒ À un débat religieux.
- ❒ À une querelle d'ivrognes.

❼ *Quel est le verdict final du juge ?*
- ❒ Il acquitte le berger qu'il juge fou.
- ❒ Il ordonne que le berger aille dans un asile.
- ❒ Il fait emprisonner Pathelin.

❽ *Après le procès, de quoi Guillaume doute-t-il ?*
- ❒ Il doute de l'identité du berger.
- ❒ Il doute de l'identité de l'avocat.
- ❒ Il doute de l'identité du juge.

❾ *Quel tour Thibaut invente-t-il pour ne pas rémunérer Pathelin ?*
- ❒ Il lui dit qu'on lui a volé son argent.
- ❒ Il lui reproche d'avoir fait une mauvaise plaidoirie.
- ❒ Il ne lui répond que par des bêlements.

Des questions pour aller plus loin

👉 Analyser l'évolution de l'intrigue jusqu'au dénouement

Un acte rythmé par les rebondissements

❶ Deux affaires, celle du drap et celle des moutons, s'entremêlent dans deux scènes de l'acte III. Précisez lesquelles et pourquoi.

❷ En quoi le stratagème inventé par Pathelin est-il surprenant et efficace ? La stratégie de Pathelin est-elle de gagner le procès ?

❸ Quels rebondissements inattendus rythment cet acte ?

❹ Quels renversements de situation se produisent dans les scènes 1, 3 et 5 ?

❺ Expliquez en quoi la farce semble avoir deux scènes de clôture. Laquelle constitue le vrai dénouement et quel effet produit-elle ?

L'entrée en scène d'un nouveau trompeur

❻ Dès la scène 1, comment sont révélées au spectateur les deux faces de Thibaut, l'agneau et le loup ? Quel effet produit le nom de famille du personnage ?

❼ Montrez que Thibaut, en feignant la bêtise, parvient toujours à ses fins.

❽ Dans la scène 2, deux trompeurs font connaissance : à votre avis, comment Thibaut et Pathelin se considèrent-ils mutuellement ?

❾ Cherchez les points communs entre Pathelin et Thibaut.

❿ Pathelin est ridiculisé par Thibaut ; il demeure cependant le vrai héros de l'acte III et de toute la pièce. Pourquoi ?

La Farce de maître Pathelin

Une réflexion sur le pouvoir des mots

11 Expliquez comment Pathelin parvient simultanément à défendre le berger, à discréditer le drapier et à manipuler le juge.

12 Dans les scènes 1 et 3, quels problèmes de langage Guillaume rencontre-t-il ? Quelles en sont les conséquences ?

13 Dans l'acte III, comment l'auteur suggère-t-il que le silence ou les bruits peuvent aussi être un moyen d'action ?

14 Comment l'acte III démontre-t-il que la parole, loin d'être inoffensive, peut être dangereuse ?

Rappelez-vous !
Le problème du tissu non payé, à l'origine de l'intrigue (acte I), n'est résolu ni par la ruse de Pathelin (acte II) ni par la justice, mais parce que Guillaume renonce finalement à obtenir gain de cause. L'acte III fait apparaître un nouveau personnage, Thibaut, qui rivalise avec Pathelin dans l'art de mentir et qui réussit à l'escroquer en ne disant qu'un mot : « bée ». Le trompeur devient ainsi le trompé et la pièce se clôt sur ce retournement final, qui réjouit le spectateur.

Arrêt sur lecture 3

De la lecture à l'écriture

Des mots pour mieux écrire

❶ *En vous aidant d'un dictionnaire, cherchez trois synonymes de l'adjectif* juste, *au sens de «conforme à la justice».*

❷ a. *Les mots suivants, tirés du texte, appartiennent au champ lexical de la justice:* jugement, assignation, plainte, verdict, plaidoirie. *Indiquez leur signification à l'aide d'un dictionnaire.*
b. *Rédigez un court paragraphe qui résumera l'intrigue de l'acte III en employant au moins quatre de ces mots.*

À vous d'écrire

❶ Imaginez qu'à l'issue de l'acte III, Guillaume ait entendu parler de la façon dont Pathelin a été dupé à son tour. Les deux personnages se rencontrent à nouveau: écrivez cette scène.
Consigne. Le dialogue, d'une quinzaine de répliques, sera animé: vous utiliserez des phrases exclamatives. Vous emploierez des didascalies et respecterez les règles de présentation d'une scène de théâtre.

❷ Vous êtes l'avocat de Thibaut. Rédigez une plaidoirie, adressée au juge, qui défendra votre client face aux accusations portées contre lui.
Consigne. Votre plaidoirie, d'une quinzaine de lignes, commencera par «Monsieur le juge, …» et contiendra des mots de liaison (tout d'abord, de plus, car, parce que, étant donné que, pourtant…).

La Farce de maître Pathelin

Du texte à l'image

➡ Scène du procès, gravure sur bois réalisée pour l'édition de Pierre Levet, 1489.
➡ Mise en scène de *La Farce de maître Pathelin* par Jean-Claude Martin au Théâtre Fontaine, 1984.
(Images reproduites au verso de la couverture, en début d'ouvrage.)

👁 *Lire l'image*

❶ Recherchez en quoi consiste la technique de la gravure sur bois puis décrivez la gravure.
❷ Dans la mise en scène de Jean-Claude Martin figure une balance : que symbolise cet objet ? Comment pouvez-vous interpréter le fait que les deux plateaux ne soient pas à l'horizontale ?
❸ Observez le décor, le placement et l'attitude des personnages dans la gravure et sur la photographie : quels points communs et quelles différences voyez-vous ?

📄 *Comparer le texte et l'image*

❹ Identifiez les personnages représentés sur chacune des deux images. Quels détails vous ont permis de répondre ?
❺ Quel moment de l'acte III chacune des images illustre-t-elle ?
❻ Dans chaque image, quels éléments sont imposés par le texte et lesquels sont des ajouts du graveur ou du metteur en scène ?

✏ *À vous de créer*

❼ Créez une bande dessinée de cinq cases. Chaque image, à la manière de la gravure, illustrera l'action principale de chacune des scènes de l'acte III : le drapier blâme son berger (scène 1), le berger fait appel à Pathelin (scène 2), le juge perd le fil du procès au milieu des bêlements et des explications obscures (scène 3), le drapier blâme Pathelin (scène 4), le berger se moque de Pathelin (scène 5).

Arrêt sur l'œuvre

Des questions sur l'ensemble de la pièce

Tous trompeurs et tous trompés

❶ Récapitulez qui trompe qui dans chaque acte. Quel proverbe la pièce semble-t-elle illustrer?

❷ Quels sont les trois tours successifs que Pathelin joue au drapier?

❸ La pièce fourmille de ruses. Citez quelques exemples de stratagèmes imaginés par les personnages.

La farce, une machine à faire rire

❹ Quel trait commun ridicule les quatre personnages masculins possèdent-ils?

❺ Citez un exemple illustrant chacun des types de comique suivants: comique de caractère, comique de situation, comique de gestes, comique de mots, comique de répétition.

❻ Quels sont les passages où les personnages eux-mêmes s'amusent?

La Farce de maître Pathelin

Une critique de la société et des hommes

❼ La pièce fait apparaître des représentants de plusieurs catégories sociales. Énumérez-les.
❽ Quels défauts les personnages principaux ont-ils ?
❾ Le procès qui se tient à l'acte III vous paraît-il sérieux et équitable ? Quelle image l'auteur donne-t-il de la justice de son époque ?
❿ Selon vous, la pièce présente-t-elle un tableau plutôt positif ou plutôt négatif de la nature humaine ? Justifiez votre réponse.

Des mots pour mieux écrire

Lexique de la tromperie

Duper : tromper, piéger.
Embobiner : tromper par de belles paroles.
Faire manger de l'oie : tromper par de fausses promesses.
Fausseté : fait de dissimuler ses pensées ou ses intentions réelles.
Filouterie : action d'une personne qui vole avec adresse.

Fourbe : sournois, trompeur.
Mener en bateau : faire croire à une histoire inventée (familier).
Pigeonner : tromper, voler (familier).
Sornettes : propos mensongers.

Complétez chacune des phrases suivantes à l'aide de mots du lexique de la tromperie.

a. Le grand plaisir de Pathelin, est d'_____ le drapier en tenant des propos peu crédibles.
b. Pathelin, Guillaume et Thibaut ont tous trois l'objectif de _____ quelqu'un afin d'obtenir de l'argent ou de ne pas en dépenser.
c. Thibaut est peut-être le plus _____ des trois car il a berné celui qui était son partenaire de tromperie.

Lexique de l'argent

Blanc, denier, écu, franc, sou : noms d'anciennes monnaies.
Faire crédit : céder une marchandise en acceptant que l'acheteur ne la paie que plus tard.
Marchandage : négociation au cours de laquelle l'acheteur tente de faire baisser le prix d'un article.
Ne pas valoir un clou (ou deux clous) : n'avoir aucune valeur.

Reconnaissance de dette : document officiel dans lequel un individu certifie qu'il doit de l'argent à quelqu'un.
Rente : revenu régulier que perçoit quelqu'un qui a placé de l'argent.
Saigner à blanc : ruiner, priver de toute ressource financière (figuré).

À l'aide d'un dictionnaire, cherchez des expressions figurées portant sur le thème de l'argent.
Exemple : être plein aux as.

À vous de créer

❶ *Imaginer le testament de maître Pathelin*

Imaginez ce que Pathelin pourrait léguer à ses adversaires pour se moquer d'eux.

Étape 1. Réflexion
Par groupes de trois, faites la liste des personnages que Pathelin déteste ou auxquels il s'oppose. Cherchez ce qu'il pourrait leur léguer pour se moquer d'eux (par exemple un pot de mauvais vin ou de vinaigre, une corde avec un nœud coulant, un pot de chambre, les chutes de l'étoffe prise à Guillaume une fois les vêtements taillés...)

Étape 2. Rédaction
Au brouillon, rédigez le testament. Vous pouvez utiliser la formule « À ..., je lègue... »

La Farce de maître Pathelin

Vous pouvez vous amuser à employer des expressions tirées de la pièce et qui vous font penser à la langue du Moyen Âge.

Étape 3. Production du document final
Utilisez un logiciel de traitement de texte. Pour donner à votre texte l'apparence d'un document officiel, indiquez la date et le lieu, et soignez l'orthographe et la présentation. Chacun des élèves du groupe relit ensuite le document et propose ses corrections.

❷ Mettre en scène un passage de la pièce

À vous de jouer un passage de *La Farce de maître Pathelin*.

Étape 1. Choix de l'extrait
Par groupes, choisissez le passage de la pièce que vous préférez : il peut s'agir d'une ou deux scènes. Veillez à choisir un extrait faisant intervenir un nombre de personnages qui corresponde à votre groupe. Répartissez-vous les rôles. Un ou deux élèves peuvent avoir la fonction de metteurs en scène.

Étape 2. Préparation du jeu théâtral
Relisez attentivement le passage que vous avez sélectionné. Au crayon, soulignez dans le texte les termes qui donnent une indication sur la voix, les gestes ou les déplacements. Entraînez-vous à dire correctement votre texte de façon expressive.

Étape 3. Mise en scène
Réfléchissez aux gestes et aux déplacements à ajouter éventuellement. Faites la liste des accessoires nécessaires et réunissez-les. Réfléchissez à un ou deux éléments de décor faciles à trouver ou à fabriquer.

Étape 4. Représentation
Apprenez par cœur vos répliques. Après avoir fait quelques répétitions, présentez votre travail à la classe. La représentation pourra être suivie d'une discussion avec vos camarades pour connaître leurs impressions, leurs suggestions ou répondre à leurs questions.

Groupements de textes

La justice en question

Anonyme, *La vieille qui graissa la patte au chevalier*

Les fabliaux sont de courts récits du Moyen Âge, simples et amusants, qui visent à divertir leurs auditeurs, et dont on peut tirer une leçon. Ce fabliau anonyme relate l'histoire d'une femme pauvre et naïve, tout en critiquant le comportement des juges de l'époque.

Elle avait deux vaches, d'après ce que j'ai lu, dont elle tirait petitement de quoi vivre. Un jour, hélas, elles s'enfuirent toutes les deux. Le prévôt[1] les trouva et les fit mettre chez lui.

Quand la femme apprit la chose, elle alla chez le prévôt sans plus attendre pour le prier de les lui rendre. Elle le supplie, mais le prévôt, un félon[2], se moque bien de ce qu'elle peut raconter. Il dit : « Par ma foi, belle vieille, il faudra d'abord payer l'écot sur vos beaux deniers[3] qui moisissent, bien à l'abri dans un pot. »

La bonne femme rentre chez elle, affligée, l'air sombre. Elle rencontre Ersant, sa voisine, et lui conte ses ennuis. Ersant lui

---

1. **Prévôt** : juge.
2. **Un félon** : un traître, une personne déloyale.
3. **Payer l'écot sur vos beaux deniers** : payer des frais avec votre argent.

nomme un chevalier; il faut qu'elle aille lui parler, calmement, poliment et, si elle lui graisse la patte[1], il lui fera récupérer ses vaches sans rien avoir à débourser.

La bonne femme, qui n'a l'esprit ni à la ruse ni à la malice, prend un bout de lard et va directement trouver le chevalier.

Justement, il se tenait devant chez lui, les mains posées sur les reins. La femme arrive par-derrière et lui frotte la paume de la main avec le lard. Sentant qu'on lui a touché la main, il regarde la vieille :

« Bonne femme, qu'est-ce que tu fais ?

– Sire, pour l'amour de Dieu, faites excuse. On m'a dit de venir vous trouver et de vous graisser la patte. Et si j'y arrive, je récupérerai mes vaches sans avoir rien à débourser.

– Celle qui t'a dit de faire cela entendait l'affaire[2] autrement ! Mais tu n'y perdras rien. Je te ferai récupérer tes vaches gratuitement et tu auras en plus l'herbe du pré. »

La morale de cette histoire vise les hommes riches et haut placés qui sont déloyaux et menteurs. Ils vendent leur science et leur parole, ils ne savent pas ce qu'est la justice et n'ont qu'un seul souci : prendre.

Le pauvre ne voit son droit reconnu que s'il donne.

Fabliaux du Moyen Âge, trad. de l'ancien français par P.-M. Beaude,
Belin-Gallimard, « Classico », 2013.
© Gallimard Jeunesse

Jean de La Fontaine, « Les animaux malades de la peste »

Les *Fables* de Jean de La Fontaine (1621-1695) sont des récits brefs, écrits en vers, et destinés à dénoncer les défauts des hommes pour les instruire. Cette fable dénonce la façon dont les fautes sont jugées selon que celui qui les commet est puissant ou faible. Les animaux sont

---

1. L'expression figurée « graisser la patte » signifie « mettre discrètement de l'argent dans la main de quelqu'un pour obtenir une faveur ».
2. Entendait l'affaire : comprenait ces mots, voulait dire.

victimes de la peste. Le Lion, leur roi, cherche un moyen de mettre fin à l'épidémie.

[...]

Le Lion tint conseil, et dit: «Mes chers amis
    Je crois que le Ciel a permis
    Pour nos péchés cette infortune[1];
    Que le plus coupable de nous
Se sacrifie aux traits du céleste courroux;
Peut-être il obtiendra la guérison commune.
L'histoire nous apprend qu'en de tels accidents
    On fait de pareils dévouements.
Ne nous flattons donc point; voyons sans indulgence
    L'état de notre conscience.
Pour moi, satisfaisant mes appétits gloutons,
    J'ai dévoré force moutons.
Que m'avaient-ils fait? Nulle offense;
Même il m'est arrivé quelquefois de manger
    Le berger.
Je me dévouerai donc, s'il le faut: mais je pense
Qu'il est bon que chacun s'accuse ainsi que moi:
Car on doit souhaiter, selon toute justice,
    Que le plus coupable périsse.
– Sire, dit le Renard, vous êtes trop bon roi;
Vos scrupules font voir trop de délicatesse.
Eh bien! manger moutons, canaille, sotte espèce,
Est-ce un péché? Non, non. Vous leur fîtes, Seigneur,
    En les croquant, beaucoup d'honneur;
    Et quant au berger, l'on peut dire
    Qu'il était digne de tous maux,
Étant de ces gens-là qui sur les animaux
    Se font un chimérique empire[2].»
Ainsi dit le Renard; et flatteurs d'applaudir.

---

1. Pour nos péchés cette infortune: ce malheur à cause de nos péchés, de nos fautes.
2. Chimérique empire: domination injustifiée.

On n'osa trop approfondir
Du Tigre, ni de l'Ours, ni des autres puissances,
    Les moins pardonnables offenses.
Tous les gens querelleurs[1], jusqu'aux simples mâtins,
Au dire de chacun, étaient de petits saints.
L'Âne vint à son tour, et dit : « J'ai souvenance
    Qu'en un pré de moines passant,
La faim, l'occasion, l'herbe tendre, et, je pense,
    Quelque diable aussi me poussant,
Je tondis de ce pré la largeur de ma langue.
Je n'en avais nul droit, puisqu'il faut parler net[2]. »
À ces mots on cria haro[3] sur le Baudet.
Un Loup, quelque peu clerc[4], prouva par sa harangue [5]
Qu'il fallait dévouer ce maudit animal,
Ce pelé, ce galeux, d'où venait tout leur mal.
Sa peccadille[6] fut jugée un cas pendable[7].
Manger l'herbe d'autrui ! quel crime abominable !
    Rien que la mort n'était capable
D'expier son forfait : on le lui fit bien voir.

Selon que vous serez puissant ou misérable,
Les jugements de cour vous rendront blanc ou noir[8].

Jean de La Fontaine, *Fables* [1678], VII, I, Belin-Gallimard, « Classico », 2015.

---

1. **Querelleurs** : agressifs, hargneux.
2. **Net** : honnêtement.
3. **On cria haro** : tous protestèrent, s'indignèrent.
4. **Clerc** : personne instruite.
5. **Harangue** : discours destiné à convaincre un auditoire.
6. **Peccadille** : faute sans gravité.
7. **Pendable** : digne d'être puni par la pendaison.
8. **Blanc ou noir** : innocent ou coupable.

La justice en question

Victor Hugo, *Notre-Dame de Paris*

Le poète et romancier Victor Hugo (1802-1885) a combattu durant sa vie entière toutes les formes d'injustice. Dans le roman historique *Notre-Dame de Paris*, qui se déroule au xve siècle, un jeune géant, borgne, bossu et rendu quasi sourd par son métier de sonneur de cloches, est jugé pour avoir brusqué une Égyptienne, Esméralda. Mais le procès est ridicule car le juge habituel est absent et celui qui le remplace est complètement sourd.

Ayant donc bien ruminé l'affaire de Quasimodo, il renversa sa tête en arrière et ferma les yeux à demi, pour plus de majesté et d'impartialité, si bien qu'il était tout à la fois en ce moment sourd et aveugle. Double condition sans laquelle il n'est pas de juge parfait. C'est dans cette magistrale attitude qu'il commença l'interrogatoire. « Votre nom ? »

Or, voici un cas qui n'avait pas été *prévu par la loi*[1], celui où un sourd aurait à interroger un sourd.

Quasimodo, que rien n'avertissait de la question à lui adressée, continua de regarder le juge fixement et ne répondit pas. Le juge, sourd et que rien n'avertissait de la surdité de l'accusé, crut qu'il avait répondu, comme faisaient en général tous les accusés, et poursuivit avec un aplomb mécanique et stupide :

« C'est bien. Votre âge ? »

Quasimodo ne répondit pas davantage à cette question. Le juge la crut satisfaite et continua :

« Maintenant, votre état[2] ? »

Toujours même silence. L'auditoire cependant commençait à chuchoter et à s'entre-regarder.

« Il suffit, reprit l'imperturbable auditeur quand il supposa que l'accusé avait consommé[3] sa troisième réponse. Vous êtes accusé, par-devant nous : *primo*, de troubles nocturnes ; *secundo*, de voies de fait[4] déshonnêtes sur la personne d'une femme folle ; *tertio*, de rébellion et déloyauté envers les archers de l'ordonnance

---

1. Prévu par la loi : formule juridique.
2. État : profession.
3. Consommé : achevé.
4. Voies de fait : formule juridique signifiant « actes violents ».

du roi[1] notre sire. Expliquez-vous sur tous ces points. – Greffier, avez-vous écrit ce que l'accusé a dit jusqu'ici ? »

À cette question malencontreuse, un éclat de rire s'éleva, du greffe à l'auditoire.

Victor Hugo, Notre-Dame de Paris [1831], L'École des loisirs,
«Classiques abrégés», 1982.

Jean Tardieu, *De quoi s'agit-il ? ou La Méprise*

Dramaturge et poète, Jean Tardieu (1903-1995) a centré son œuvre sur l'exploration des mystères du langage. *De quoi s'agit-il ? ou La Méprise* illustre la façon dont les mots peuvent échapper, dériver et finalement installer une situation ahurissante, tout à la fois comique et inquiétante. Voici le début de la pièce.

LE JUGE, *geste évasif* – Alors, je répète ma question : quand l'avez-vous vu pour la première fois ?

MADAME POUTRE, *réfléchissant* – Quand je l'ai vu... pour la première fois ? Eh ! ben, c'était il y a dix ans environ.

Le greffier commence à taper silencieusement.

LE JUGE – Nous notons, nous notons. Bon. L'avez-vous revu souvent depuis ?

MADAME POUTRE – Bien sûr ! Même qu'il a fini par s'installer tout à fait ! Notez qu'on ne le voyait jamais que pendant le jour. Le soir, plus personne !

LE JUGE – Étiez-vous chargée de le nourrir ?

MADAME POUTRE, *l'air étonné* – Qui ça ?

MONSIEUR POUTRE, *à sa femme* – On te demande, Monsieur le Proviseur te demande s'il était nourri, s'il était nourri par toi, par nous ?... Enfin, ne fais pas la butée !... Puisqu'on l'avait recueilli, tu sais bien qu'on était tenu de le nourrir !

---

1. Archers de l'ordonnance du roi : gardes au service du roi.

Madame Poutre, *au juge* – Ah, Docteur, pardon : Colonel : c'était bien plutôt lui qui nous nourrissait, qui nous réchauffait en tout cas !

Le juge, *sursautant* – Qui vous réchauffait ? Comment cela ?

Madame Poutre – Ben, pardi ! C'est-y pas toujours comme ça ? S'il était pas là, nous autres, on crèverait de froid, pas vrai ?

Monsieur Poutre – Ça, c'est vrai. Moi, quand je le vois, je suis tout ragaillardi !

Le juge, *haussant les épaules* – Il y a dix ans. Bon. Nous notons. Dix ans : ce n'est pas d'hier ! Et pouviez-vous vous douter de quelque chose, dès ce moment ?

Madame Poutre, *péremptoire* – Je ne m'doutais de rin du tout !

Le juge – Comment cela s'est-il passé ? La première fois ?

Madame Poutre – Eh ben, voilà. J'étais dans la cuisine, à ramasser des pommes de pin pour la soupe. On était en décembre. Alors il faisait une chaleur lourde, comme quand c'est qu'on chauffe beaucoup pour lutter contre le froid. Mon mari, ici présent, était absent comme toujours, c'est pourquoi il peut en témoigner devant vous. Et tout par un coup, voilà qu'il est entré !

Le juge – Par où ?

Madame Poutre – Par la fenêtre. Il est entré comme ça, brusquement. Il a fait le tour de la pièce. Il s'est posé tantôt sur une casserole de cuivre, tantôt sur une carafe et puis il est reparti comme il est venu !

Le juge – Sans rien dire ?

Madame Poutre – Sans rien dire.

Le juge, *sévèrement* – Comment ? Comment ? Je ne comprends plus : vous venez ici pour déposer une plainte…

Madame Poutre, *docile mais l'interrompant* – Une plainte en sa faveur, oui Docteur !

Jean Tardieu, *De quoi s'agit-il ? ou La Méprise* dans *La Comédie du langage*, Gallimard, « Folio Théâtre », 1997.

Tromperies et trompeurs

Virgile, L'Énéide

Dans le long poème *L'Énéide*, composé par le poète latin Virgile (70-19 av. J.-C.), Énée, un héros troyen, raconte comment, au cours de la guerre de Troie, les Grecs ont réussi à prendre sa cité grâce à une ruse d'Ulysse. Ulysse et ses compagnons construisent un monumental cheval en bois et feignent de fuir et de reprendre la mer. Les habitants de Troie, ignorant que les navires ennemis s'étaient dissimulés derrière une île voisine, croient que la statue géante est une offrande aux dieux et décident de la faire entrer dans la ville.

    Nous rompons le mur, nous ouvrons largement les remparts de la ville. Tous se mettent à l'œuvre, on dispose sous les pieds les roues qui les feront glisser, on roidit autour du cou des câbles d'étoupe[1]. La machine fatale escalade le mur, grosse d'armes[2]. Des enfants, tout autour, de jeunes vierges chantent des hymnes, ils mettent leur joie à toucher eux-mêmes les cordages; elle s'avance et glisse, menaçante, au milieu de la ville. Ô patrie, ô demeure des dieux, Ilion, remparts des Dardanides si fameux dans les guerres! Quatre fois, sur le seuil précisément de la porte, elle achoppa et dans le ventre quatre fois des armes retentirent. Nous continuons cependant, oublieux de tout, aveuglés par notre délire et nous installons dans notre citadelle sainte ce monstre de malheur. […]
    Cependant le ciel tourne, la nuit s'élance de l'Océan enveloppant de sa grande ombre la terre et la voûte d'en haut et les ruses des Myrmidons[3]; les Troyens répandus dans l'enceinte des remparts se sont tus; le sommeil lie leurs membres las. Et déjà la phalange argienne[4], dans le bon ordre des navires, allait, venue

---

1. On roidit autour du cou des câbles d'étoupe: on attache des cordages à l'encolure du cheval de bois.
2. Grosse d'armes: chargée d'armes (au moment de l'histoire, Énée et les Troyens l'ignoraient).
3. Myrmidons: peuple de la mythologie grecque.
4. La phalange argienne: l'armée grecque.

Tromperies et trompeurs

de Ténédos[1] par les silences amis d'une lune secrète, lors gagnant les rivages connus à l'appel d'une flamme soudain levée sur la poupe royale[2]; déjà, protégé par les cruels destins des dieux, Sinon[3], furtif, relâche les Danaens[4] enfermés dans le ventre, desserre les panneaux de pin; le grand cheval ouvert les rend aux souffles du dehors; joyeux, ils s'extraient des cavités de la charpente. […] Ils se jettent sur une ville ensevelie dans le sommeil et dans le vin; les veilleurs sont tués; par les portes largement ouvertes ils reçoivent la foule de leurs compagnons et réunissent leurs troupes conjurées.

Virgile, *L'Énéide*, livre II [21-17 av. J.-C.], trad. du latin par J. Perret, Gallimard, «Folio classique», 1991.
© Les Belles Lettres

Le Roman de Renart

Vingt-six récits brefs ont été composés en vers entre 1175 et 1250 par différents auteurs, puis regroupés sous le titre *Roman de Renart*. Vassal perfide du roi Noble le lion, le rusé goupil utilise son art de la parole pour feindre la courtoisie et tromper son monde. Dans l'extrait suivant, après avoir fait mine d'être devenu l'ami du chat Tibert, il essaie de le pousser dans un traquenard.

C'est alors que, dans une sente[5] étroite, il repère sur le bord, près de l'ornière, entre les arbres et la chaussée, un piège de type «brail» ou «braion[6]» fait d'une branche de chêne fendue et tendu là par un vilain. Renart est trop fin pour tomber dedans. Il l'esquive comme qui badine[7]. Mais cela lui donne une idée. Trêve ou pas trêve, maître Tibert, si je peux t'attirer dans le «broyeur», je te ferai passer un sale quart d'heure.

---

1. Ténédos: île proche où les Grecs avaient dissimulé leurs navires.
2. À l'appel d'une flamme levée sur la poupe royale: lorsque le signal convenu avait été lancé depuis l'arrière du navire royal.
3. Sinon: personnage troyen qui trahit sa cité et prend le parti des Grecs.
4. Danaens: autre nom des Grecs.
5. Sente: sentier.
6. Brail, braion: piège à dents qui se referme sur la patte de l'animal.
7. Comme qui badine: comme quelqu'un qui joue.

À cette pensée peu charitable, Renart se sent tout ragaillardi, et il appelle son compagnon pour lui dire, avec un petit rire :

– Messire Tibert, mon ami cher, vous savez que je vous estime fort, pour votre bravoure et votre ardeur, et votre cheval si rapide. Montrez-moi donc comment il court, sur ce chemin poudreux à souhait ! Faites-le-moi galoper sur toute la longueur de la piste ! Le terrain est parfait : plat… égal…

Le Tibert est tout excité. Il faut vraiment que Renart soit fort, il faut qu'il soit le diable incarné pour convaincre un vieux chat des bois de se lancer à faire des sottises.

Tibert s'apprête à jouer de l'éperon… Il court, court encore à petits bonds, et fait tant qu'il arrive au brail… Une fois devant, il comprend tout de suite que Renart manigance[1] quelque chose… Mais il n'en laisse rien paraître. Il esquive en se reculant, s'éloigne du piège d'un demi-pied. Renart, qui l'a bien regardé faire, lui dit alors avec dédain :

– Vous montez mal, mon pauvre ami ! Vous poussez votre cheval en biais…

Et le chat ayant repris un peu de champ[2] :

– C'est à refaire ! Repiquez de l'éperon ! Mais menez votre monture plus droit !

– Volontiers ! Dites-moi comment m'y prendre…

– Menez-la qu'elle ne fasse aucun écart, et surtout qu'elle ne sorte pas du chemin !

Tibert laisse son cheval courir à cou tendu, jusqu'à ce qu'il voie le piège ouvert… Il continue sans se détourner et saute l'obstacle dans la foulée.

La feinte n'échappe pas au goupil. Il a vu le petit bond discret, il comprend que l'autre n'est pas dupe et que cela va être ardu[3] de le surprendre. Il se demande ce qu'il va lui dire, et comment faire pour l'embrouiller de telle façon qu'il tombe dans le piège.

Le Roman de Renart [1175-1250], II, 3, trad. par P. Mezinski,
Belin-Gallimard, « Classico », 2010.
© Gallimard jeunesse.

---

1. **Manigance** : prépare.
2. **Ayant repris un peu de champ** : s'étant éloigné.
3. **Ardu** : difficile.

Molière, *Les Fourberies de Scapin*

Cette pièce de Molière (1622-1673) réunit les traditions de la farce française et de la *commedia dell'arte* italienne. Dans ce passage, le jeune Léandre est fou de rage d'apprendre que son père sait qu'il aime en secret une Égyptienne. Il croit à tort que son serviteur Scapin l'a trahi. Il veut forcer Scapin à tout avouer ; celui-ci, sous la menace de l'épée, énumère alors tout une série de fourberies qu'il a commises.

Scapin – Hé bien ! monsieur, puisque vous le voulez, je vous confesse que j'ai bu avec mes amis ce petit quartaut de vin d'Espagne dont on vous fit présent il y a quelques jours, et que c'est moi qui fis une fente au tonneau, et répandis de l'eau autour pour faire croire que le vin s'était échappé.

Léandre – C'est toi, pendard, qui m'a bu mon vin d'Espagne, et qui as été cause que j'ai tant querellé la servante, croyant que c'était elle qui m'avait fait le tour ?

Scapin – Oui, monsieur, je vous en demande pardon.

Léandre – Je suis bien aise d'apprendre cela ; mais ce n'est pas l'affaire dont il est question maintenant.

Scapin – Ce n'est pas cela, monsieur ?

Léandre – Non : c'est une autre affaire qui me touche bien plus, et je veux que tu me la dises.

Scapin – Monsieur, je ne me souviens pas d'avoir fait autre chose.

Léandre, *le voulant frapper* – Tu ne veux pas parler ?

Scapin – Eh !

Octave, *le retenant* – Tout doux !

Scapin – Oui, monsieur, il est vrai qu'il y a trois semaines que vous m'envoyâtes porter, le soir, une petite montre à la jeune Égyptienne que vous aimez. Je revins au logis, mes habits tout couverts de boue et le visage plein de sang, et vous dis que j'avais trouvé des voleurs qui m'avaient bien battu, et m'avaient dérobé la montre. C'était moi, monsieur, qui l'avais retenue.

Léandre – C'est toi qui as retenu ma montre ?

Scapin – Oui, monsieur, afin de savoir quelle heure il est.

Léandre – Ah, ah ! j'apprends ici de jolies choses, et j'ai un serviteur fort fidèle, vraiment. Mais ce n'est pas encore cela que je demande.

_{Molière, *Les Fourberies de Scapin* [1671], II, 3, Belin-Gallimard, « Classico », 2013.}

Jean-Jacques Rousseau, *Les Confessions*

Dans son autobiographie, Jean-Jacques Rousseau (1712-1778) relate sa vie de façon chronologique, en ne cachant rien de ses petitesses. Le sévère pasteur chez qui il est en pension, M. Lambercier, décide un jour de planter solennellement un noyer. Jaloux, le narrateur et son cousin plantent en cachette, à deux mètres de l'arbre, une bouture de saule. N'ayant pas d'eau pour l'arroser, ils inventent un stratagème.

Enfin la nécessité, mère de l'industrie[1], nous suggéra une invention pour garantir l'arbre et nous d'une mort certaine : ce fut de faire par-dessous terre une rigole[2] qui conduisît secrètement au saule une partie de l'eau dont on arrosait le noyer. Cette entreprise, exécutée avec ardeur, ne réussit pourtant pas d'abord. Nous avions si mal pris la pente, que l'eau ne coulait point ; la terre s'éboulait et bouchait la rigole ; l'entrée se remplissait d'ordures ; tout allait de travers. Rien ne nous rebuta : *Omnia vincit labor improbus*[3]. Nous creusâmes davantage et la terre et notre bassin, pour donner à l'eau son écoulement ; nous coupâmes des fonds de boîtes en petites planches étroites, dont les unes mises de plat à la file, et d'autres posées en angle des deux côtés sur celles-là, nous firent un canal triangulaire pour notre conduit. Nous plantâmes à l'entrée de petits bouts de bois minces et à claire-voie, qui, faisant une espèce de grillage ou de crapaudine[4], retenaient le limon et les pierres sans boucher le passage

---

1. **La nécessité, mère de l'industrie** : l'obligation, qui amène à être ingénieux.
2. **Rigole** : petit fossé creusé pour amener l'eau.
3. ***Omnia vincit labor improbus*** : « le travail acharné vient à bout de tout », en latin.
4. **Crapaudine** : grille placée à l'entrée d'un conduit, pour filtrer.

à l'eau. Nous recouvrîmes soigneusement notre ouvrage de terre bien foulée; et le jour où tout fut fait, nous attendîmes dans des transes d'espérance et de crainte l'heure de l'arrosement. Après des siècles d'attente, cette heure vint enfin; M. Lambercier vint aussi à son ordinaire assister à l'opération, durant laquelle nous nous tenions tous deux derrière lui pour cacher notre arbre, auquel très heureusement il tournait le dos.

À peine achevait-on de verser le premier seau d'eau que nous commençâmes d'en voir couler dans notre bassin. À cet aspect la prudence nous abandonna; nous nous mîmes à pousser des cris de joie qui firent retourner M. Lambercier, et ce fut dommage, car il prenait grand plaisir à voir comment la terre du noyer était bonne et buvait avidement son eau. Frappé de la voir se partager entre deux bassins, il s'écrie à son tour, regarde, aperçoit la friponnerie, se fait brusquement apporter une pioche, donne un coup, fait voler deux ou trois éclats de nos planches, et criant à pleine tête: *Un aqueduc! un aqueduc!*

Jean-Jacques Rousseau, *Les Confessions* [1782-1789], Gallimard, «Folio classique», 2009.

Marc Twain, *Les Aventures d'Huckleberry Finn*

Dans ce roman, l'écrivain américain Mark Twain (1835-1910) adopte le point de vue de son personnage, un jeune garçon orphelin et fugueur. Dans l'extrait suivant, pour se libérer de la séquestration que lui inflige son père ivrogne, il va jusqu'à mettre en scène son propre assassinat par un voleur.

Je pris la hache, et j'enfonçai la porte, que j'entaillai de nombreux coups. Je portai le cochon jusqu'à la table et lui tranchai la gorge d'un coup de hache, puis je le fis saigner sur le sol. Je dis le sol, car c'était bien de la terre battue, non du plancher. Après ça, j'emplis un vieux sac d'autant de vieilles pierres que je pouvais tirer; je le plaçai près du cochon et me mis à le traîner jusqu'à la porte, et puis à travers le bois et jusqu'à la rivière, où je le précipitai dans l'eau. Et il coula tout de suite hors de vue. Un coup d'œil suffisait pour voir que quelque chose avait été traîné par terre.

J'aurais bien voulu que Tom Sawyer fût là ; je savais qu'il aimait ce genre d'histoires et qu'il y mettrait sa touche personnelle ; personne ne savait vivre une aventure aussi bien que Tom Sawyer.

Pour en finir, je m'arrachai quelques cheveux et, après avoir plongé la hache dans le sang, je les collai sur le revers et la lançai dans un coin. Ensuite, je pris le cochon dans mes bras, enveloppé dans ma veste pour empêcher le sang de dégouliner, et, à une bonne distance plus bas que la cabane, je le jetai à la rivière. À ce moment, une autre idée me vint : je retournai au canot chercher le sac de farine et ma vieille scie et les ramenai dans la maison. Je remis le sac à sa place et je fis un trou à l'aide de la scie, car il n'y avait ni couteau, ni fourchette chez nous, et Pap faisait tout ce qu'il y avait à faire avec son couteau à cran d'arrêt. Puis je portai le sac vers l'est, à travers la prairie et la saulaie, jusqu'à un lac peu profond, large de cinq milles et plein de roseaux, et aussi de canards à la saison. Un ruisseau marécageux s'en échappait de l'autre côté, et se perdait bien loin, je ne sais où, mais il ne se jetait pas dans la rivière. La farine sortait en un mince filet et saupoudrait l'herbe. J'y jetai aussi la pierre à aiguiser pour faire croire qu'elle était tombée d'une poche.

Marc Twain, Les Aventures d'Huckleberry Finn [1884], trad. de l'anglais par S. Nétillard, Gallimard jeunesse, « Folio junior », 1999.

Fredric Brown, « Vaudou »

L'auteur américain Fredric Brown (1906-1972) écrit de très courtes nouvelles qui s'achèvent souvent par une chute inattendue. Dans le texte qui suit, deux époux se haïssent et envisagent de divorcer, mais le mari refuse de partager l'argent et les biens immobiliers qu'ils possèdent. Mme Decker, qui a séjourné à Haïti, menace alors son époux de le tuer par les pratiques magiques du vaudou.

– Tu devrais remercier le ciel d'avoir épousé une femme de cœur, car je pourrais te tuer sans difficulté, si je le voulais. J'aurais alors tout l'argent, et tous les biens immobiliers – et sans avoir rien à craindre. Une mort provoquée par le Vaudou est impossible à reconnaître d'une mort par lâchage de cœur.

Tromperies et trompeurs

– Des mots ! dit M. Decker.
– Tu crois ça ! Je possède de la cire et une épingle à chapeau. Veux-tu me donner une petite mèche de cheveux, ou une rognure d'ongle ? je n'ai pas besoin de plus. Tu verras.
– Superstitions ! dit M. Decker.
– Dans ce cas, pourquoi as-tu si peur de me laisser essayer ? Moi, je sais que ça marche. Je te fais une proposition honnête : si ça ne te tue pas, j'accepterai le divorce sans te demander un sou. Et si ça marche, j'hérite du tout, automatiquement.
– D'accord, dit M. Decker. Va chercher la cire et ton épingle à chapeau.

Il jeta un coup d'œil à ses ongles :
– Mes ongles sont un peu courts, je vais plutôt te donner quelques cheveux.

Quand il revint, portant quelques petits bouts de cheveux dans un couvercle de flacon à pharmacie, Mme Decker était en train de pétrir la cire. Elle prit les cheveux, qu'elle malaxa avec la cire, puis elle en modela une figurine représentant vaguement un corps humain.

– Tu le regretteras ! dit-elle en enfonçant l'épingle à chapeau dans la poitrine de la figurine de cire.

M. Decker fut très surpris, mais plus heureux que navré. Il n'avait pas cru au Vaudou, mais c'était un homme de précautions, qui ne prenait jamais de risques inutiles.

Et il avait toujours été exaspéré par l'habitude qu'avait sa femme de ne jamais nettoyer sa brosse à cheveux.

Fredric Brown, « Vaudou », dans *Lune de miel en enfer* [1958],
trad. par J. Sendy, Denoël, 1964.
© Agence Lenclud

Autour de l'œuvre

Interview imaginaire de Pierre Levet, imprimeur-libraire

▶▶ *Pierre Levet, expliquez-nous votre profession.*

Jusqu'au milieu du XVe siècle, les livres étaient recopiés à la main, un par un : mon travail consistait à revendre ces livres manuscrits. Or, en 1470, un livre (une Bible) a été pour la première fois imprimé en France, à Paris. L'imprimerie était alors une technologie innovante ! Avec le soutien de papetiers et de banquiers, je me suis lancé dans l'aventure et suis devenu imprimeur. Mais l'activité était artisanale et complexe : il fallait créer des moules et fondre les caractères mobiles en plomb, puis composer les mots un à un, faire l'aplomb des marges, doser la composition de l'encre, mettre les feuilles humides sous la presse, les laisser sécher puis les assembler. De plus, les premières années, nous ne disposions que de textes manuscrits en ancien français, en grec, en latin, et qui étaient copiés en caractères gothiques, difficiles à déchiffrer.

▶▶ *Pour votre édition de La Farce de maître Pathelin en 1489, avez-vous travaillé à partir de ce type de manuscrit ?*

Depuis les années 1460, beaucoup de manuscrits de la pièce circulaient dans toute la France. La farce était très célèbre : pour preuve, en 1470, le roi Louis XI lui-même a employé dans un courrier le verbe

Interview imaginaire de Pierre Levet, imprimeur-libraire

«pateliner»! Mais pour mon édition, je me suis servi d'un livre imprimé peu avant; j'ai donc effectué ce qu'on appelle un second tirage. Cela a grandement facilité mon travail, car le texte était déjà imprimé en caractères romains, et donc parfaitement lisible. Le livre imprimé dont je me suis servi n'existe plus. Il faut dire que parmi les 4000 titres constituant la production imprimée française du xve siècle, la moitié n'est pas parvenue jusqu'à vous; il ne vous reste même qu'un seul exemplaire original de mon édition de *Pathelin*.

▶▶ *L'auteur est-il venu à votre boutique pour corriger des erreurs d'impression?*

Il ne s'est jamais fait connaître, ce qui était assez courant à cette époque. Les savants de votre époque pensent qu'il peut s'agir de Guillaume Alecis, Pierre Blanchet ou Antoine de La Sale, mais rien n'est prouvé; certains ont même cru que l'auteur était un comédien nommé Pathelin. Le contenu du texte révèle que l'auteur parlait le francien (dialecte parlé en Île de France) et de nombreux dialectes régionaux, et qu'il connaissait le monde judiciaire. En général, on imagine que c'est un petit clerc d'origine normande, étudiant en droit ou employé d'une cour de justice parisienne, qui s'est amusé, à l'occasion d'une fête organisée par une confrérie de jeunes gens turbulents, à se moquer des représentants de l'ordre établi.

▶▶ *Pourquoi avez-vous fait orner votre édition de six gravures sur bois?*

Mes clients fortunés, qui étaient pour la plupart des collectionneurs de beaux livres, aimaient que les textes manuscrits soient décorés par des enluminures et des miniatures. Aucun de mes concurrents n'avait encore eu l'idée d'illustrer *Pathelin* avec des bois gravés. J'étais certain que cette pièce, écrite dans une langue facile et inaugurant un nouveau genre comique à la mode, la farce, connaîtrait un grand succès, et qu'elle m'apporterait donc de bons bénéfices. Elle méritait, à mes yeux, d'être mise en valeur par des illustrations. J'ai donc commandé six gravures sur bois à des artistes qui étaient ravis de travailler sur des sujets autres que religieux.

Autour de l'œuvre

Contexte historique et culturel

De la féodalité à l'unification de l'État

Au début du Moyen Âge, le système politique français repose sur des liens d'homme à homme, fondés sur la loyauté du vassal vis-à-vis de son suzerain qui, en contrepartie, lui confie un fief. De fait, les grands seigneurs sont plus puissants que le roi. Jusqu'au début du xve siècle, les rois d'Angleterre et les ducs de Bourgogne disputent au roi le nord de la France. Grâce à l'intervention de Jeanne d'Arc (1412-1431), Charles VII (1403-1461) parvient à imposer son autorité, mais la reconquête et l'unification du royaume est lente.

L'existence d'un État s'impose progressivement en France, aussi bien sur le plan législatif (le choix des lois) que sur le plan exécutif (l'exercice de la justice). Les annexions ou les héritages de nouveaux territoires (Bretagne, Bourgogne, Provence) entraînent l'utilisation de divers dialectes dans le pays. Tous les actes importants sont cependant rédigés en latin et il faut attendre l'ordonnance de Villers-Cotterêts (1539) pour que la langue française devienne la langue officielle du pays.

Une société en évolution

Du xe au xve siècle, la société est rurale. Le cadre de vie est le village médiéval, construit autour d'un château fort et entouré de campagne. Dans la seigneurie, les conditions de vie et de travail des communautés paysannes sont misérables; on tente cependant de se distraire aux fêtes de village et lors des veillées. À partir du xive siècle, la vie quotidienne de tous est régulièrement menacée par trois fléaux: la sous-alimentation (due à l'insuffisance des rendements agricoles), la peste noire et les ravages de la guerre, notamment la guerre de Cent Ans (1337-1453).

Néanmoins, à partir du xiie siècle, l'essor économique a pour conséquence le développement de bourgs. Une nouvelle classe sociale naît, la bourgeoisie, constituée de familles de marchands, de banquiers, de médecins, de juges, etc. Les jours de marchés ou de grandes foires attirent beaucoup de clients venant des environs: il y a davantage d'échanges entre les populations. C'est dans ce milieu populaire et composite que naît, à la fin du Moyen Âge, le théâtre de farce.

Contexte historique et culturel

Le théâtre au Moyen Âge

En Occident, pendant tout le Moyen Âge, l'Église domine la vie intellectuelle. Elle est la principale commanditaire d'œuvres d'art : il n'existe pas encore d'art profane (portant sur des sujets non religieux).

Au XIIe siècle sont jouées dans les églises des saynètes en français illustrant des scènes de la Bible. À partir du XIIIe siècle, ces pièces religieuses sortent de l'église et sont données sur le parvis, dans l'espace public. Elles concurrencent alors les *jeux* profanes des jongleurs qui, les jours de fête ou de marché, content et miment légendes populaires et chansons de geste. Aux XIVe et XVe siècles sont créés les *moralités*, destinées à donner une leçon morale au public, et les *mystères*, des pièces à machines jouées en plusieurs journées, avec des centaines de figurants, exposant l'histoire de l'humanité, d'Adam à Jésus-Christ. Ces spectacles contenaient quelques passages comiques appelés farcissures. C'est là l'origine de la farce, qui naît au XVe siècle. Ce genre théâtral met en scène peu d'acteurs et aucun décor. Il s'agit d'un théâtre populaire, qui représente la vie quotidienne et fait beaucoup rire le public.

Le XVe siècle, charnière entre Moyen Âge et Renaissance

La Renaissance naît au XVe siècle en Italie : des princes, des artistes (Michel-Ange, Botticelli) et des écrivains et penseurs (Dante, Pétrarque, Machiavel) s'interrogent sur la notion de beauté, se passionnent pour la redécouverte des textes de l'Antiquité gréco-latine, et développent une conception du monde appelée humanisme. Elle consiste à avoir foi en l'homme et non plus seulement en Dieu. L'invention de l'imprimerie par Johannes Gutenberg, au milieu du siècle, est indissociable de la Renaissance : l'imprimerie rend le livre, et donc le savoir, plus accessibles.

En France, à cause des guerres notamment, ce mouvement culturel ne se diffuse que tardivement. Il faut attendre François Ier (1494-1547) pour qu'un roi français accueille de grands artistes à sa cour (comme Léonard de Vinci) et protège les savants humanistes. En 1464, le premier dictionnaire français est publié (le *Catholicon*). Si la France comble alors un certain retard culturel et scientifique, sa fascination pour l'Italie la détourne d'un événement crucial du XVe siècle : la découverte de l'Amérique, en 1492.

Autour de l'œuvre

Repères chronologiques

1410	**Création de la première Bourse à Bruges (Belgique).**
1422	**Début du règne de Charles VII.**
1429	**Jeanne d'Arc emporte la victoire au siège d'Orléans (guerre de Cent Ans).**
1434	Jan Van Eyck, *Les Époux Arnolfini* (peinture).
v. 1450	Naissance de la farce, nouveau genre théâtral.
1452	Arnoul Gréban, *Le Mystère de la Passion* (théâtre religieux).
1453	**Fin de la guerre de Cent Ans ; essor économique et démographique de la France.** **Prise de Constantinople par les Turcs.**
1454	**Invention de l'imprimerie : Gutenberg imprime la première Bible.**
v. 1460	*La Farce de maître Pathelin* (théâtre).
1461	**Début du règne de Louis XI.**
	François Villon, *Le Testament* (poésie).
1469	**Louis XI favorise l'industrie du luxe en réglementant la draperie.**
1470	Installation de la première imprimerie française à l'université de la Sorbonne, à Paris.
1473	**Nicolas Copernic découvre que la Terre tourne autour du Soleil et non l'inverse.**
1477	Sandro Botticelli, *Le Printemps* (peinture).
1482	**Création de la foire Saint-Germain à Paris, où jouent les farceurs.**
1483	**Début du règne de Charles VII.**
1489	Second tirage, illustré, de *La Farce de maître Pathelin* par l'imprimeur Pierre Levet.
1489-1498	Philippe de Commynes, *Mémoires* (récit de vie, histoire).
1492	**Christophe Colomb découvre l'Amérique.**

Les grands thèmes de l'œuvre

L'argent

Un thème omniprésent

Durant toute la pièce, il n'est question que d'argent. Dès la scène 1, les époux se disputent pour des raisons financières. Les mentions de diverses monnaies traversent le texte. Nul n'échappe à la tentation de l'enrichissement : elle concerne le pauvre (Thibaut), le petit bourgeois (Pathelin) et le bourgeois opulent. Ce dernier est incarné par le gros Guillaume qui étale à la vue de tous des tissus hors de prix pour voiler sa misère humaine.

L'argent n'apparaît cependant jamais sur scène (sauf un misérable « denier », I, 2). Soit il n'est pas là où il devrait (chez Pathelin), soit il est là où il ne devrait pas (dans la bourse du « mouton en habit »), soit il se volatilise entre les mains de celui qui pourrait l'économiser (le pauvre Thibaut), soit il est caché par qui est censé le faire circuler (le commerçant). Le plus malheureux est évidemment le drapier grippe-sou : Guillaume devient fou à force de réclamer son dû en vain. Le portrait de cet avare s'étend sur tout le spectacle ; de la scène 2 de l'acte I jusqu'à la scène 4 de l'acte III, cet être coriace n'a qu'une idée fixe : accroître sa fortune par tous les moyens. Enfermé dans la logique de sa cupidité maladive, il imagine jusqu'à la fin de la farce gagner gros.

L'art de payer avec des mots

L'argent étant rare, le but de chacun est de gagner le plus possible sans en dépenser : le patron sous-paie son employé, l'avocat soutire du drap au vendeur, le berger escroque son maître. Le roi des fourbes est bien sûr Pathelin, qui se décrit lui-même, dans sa première réplique, comme un escroc qui multiplie les « efforts pour barboter et chiper » (p. 9) et qui est capable d'improviser le scénario d'une tromperie parfaite. L'archétype de l'escroqué est Guillaume qui, comme l'indique l'étymologie (en ancien français, « guiller » signifie « tromper »), est à la fois un petit trompeur et un grand trompé. Se prenant pour un virtuose de la persuasion, il croit avoir volé son client en se disant pauvre, alors qu'il a été volé par celui-ci qui se disait riche (I, 2).

Autour de l'œuvre

L'argent lui-même devient une pure affaire de mots. Des promesses de salaire, des demandes de crédit, des évocations d'«écus en or» au futur suffisent dès lors. Pathelin aurait pu voler son étoffe à Guillaume : il préfère le convaincre de la lui vendre, pour le plaisir de le piéger par le langage. Pathelin lui-même sera victime de la fausse monnaie du langage : lui qui remboursait en «petites crottes» (II, 2) voit finalement ses honoraires réglés en bêlements.

La justice

Une représentation crédible des affaires juridiques

Dès son entrée en scène, Pathelin revendique fièrement le titre de «maître» en se disant avocat ; sans formation ni client, il se flatte néanmoins de maîtriser toutes les ficelles du métier et même d'exceller dans «le bel art de plaider» (p. 11). Ses talents de conseiller juridique restent cependant invisibles durant les deux premiers actes. Mais l'idée de peine infamante est évoquée dès la scène 3 de l'acte I à travers le «pilori», ce qui rappelle que l'institution judiciaire n'est jamais loin : elle existe bel et bien et intervient sévèrement. La présence de la loi s'avère d'ailleurs louable au vu du nombre de délits (vols, fraudes) qui se succèdent sur scène ! C'est donc à juste titre que la machine judiciaire entre en action à l'acte III, avec un certain réalisme. Le litige (vol et abus de confiance) déclenche une procédure (plainte, assignation) qui aboutit à un procès (exposé du plaignant, interrogatoire de l'accusé) et une sentence du juge en accord avec la loi. Ce juge est courtois, impartial, efficace, équitable, humain, non corrompu : il semble véhiculer une image valorisante des magistrats.

Une satire de la justice

En réalité, la pièce se moque de la justice de l'époque et de ses représentants afin d'en critiquer le fonctionnement. Pathelin, à lui seul, incarne l'avocat véreux puisqu'il est un voleur invétéré, un imposteur et un incorrigible trompeur de juges. À la scène 2 de l'acte III, il proclame haut et fort le plaisir retors qu'il éprouve à démonter une accusation juste (selon le droit de l'époque, Thibaut méritait la pendaison). Faisant fi de toute déontologie, il met son talent oratoire uniquement au service de sa rapacité, et se tire ainsi de deux affaires où il était en tort.

Les grands thèmes de l'œuvre

Tout aussi critique est le portrait du juge apparemment intègre. À y regarder de près, celui-ci se révèle un peu trop pressé d'en finir, susceptible («Suis-je une chèvre?», p. 77), orgueilleux, cupide («Le défendre, lui? [...] c'est Bourse-Vide», p. 79) et goinfre, désinvolte, naïf et influençable. De plus, le procès qu'il instruit est complètement caricatural: le drapier est privé d'avocat et de conclusion, le récit des faits se limite à du charabia et à des bêlements, et la salle d'audience est peuplée de trois escrocs qui ne sont pas démasqués. Finalement, c'est l'institution judiciaire dans son ensemble qui se montre injuste: les deux coupables sont blanchis et le demandeur, qui était pourtant dans son droit, est pris pour un fou.

Une équité rétablie sur le plan dramaturgique

Si la balance de la justice civile paraît pencher du mauvais côté à la scène 5 de l'acte III, la pièce rétablit dans l'ensemble un certain équilibre. Après tout, les dysfonctionnements visés ont des effets mineurs car les affaires ne sont pas si graves: Guillaume demeure riche, Pathelin n'emporte qu'un morceau de tissu et Thibaut n'avait fait que manger un peu de viande. L'Agnelet est certes innocenté indûment, mais c'est une victime: il est le plus pauvre, le plus exploité et le plus méprisé par le drapier qui en fait un serf et par l'avocat qui le vêt en mouton. Ces deux notables malhonnêtes sont finalement chacun punis dans ce qu'ils ont de plus précieux, l'argent pour Guillaume, l'intelligence pour Pathelin. Ainsi, l'absence de justice humaine réelle est compensée, sur le plan dramaturgique, par la condamnation des deux vrais coupables dans l'intrigue.

La religion

Un texte imprégné de culture chrétienne

L'interjection «Sainte Marie!» ouvre la pièce, et par la suite les répliques abondent d'appels à l'aide adressés à Dieu ou aux saints. Ces formules d'invocation reflètent le parler populaire du xve siècle, où la foi catholique dominait les mentalités. La prégnance du sacré se manifeste partout: allusion à la messe chantée en latin (p. 10), geste du «denier à Dieu» (p. 18), prière du «*Benedicite*», signe de croix effectué par Guillemette (p. 51) etc. C'est cependant dans l'acte central que les croyances et les pratiques religieuses sont principalement exposées. On y voit une femme pieuse appeler un « martyr » au repentir ; elle réclame pour lui les derniers sacrements parce qu'il est attaqué par « la Mort » et qu'il se démène, en révérant « hautement la Divinité » (II, 5) pour sauver son âme.

Mais cette représentation de la mort d'un chrétien exemplaire n'est en fait qu'une comédie. Dans le contexte chrétien, le personnage de Pathelin semble avoir le diable au corps ! Il utilise des procédés diaboliques : il connaît la façon de tenter autrui (par l'or et par l'oie) et il est passé maître dans l'art de feindre. À l'acte II, il va jusqu'à se faire passer pour un être possédé qui gesticule, grimace, choque la pudeur, baragouine des imprécations et offense le sacré : le démon semble être sur scène.

Une morale chrétienne introuvable ?

Avec tant de trompeurs, rien d'étonnant à ce que l'habileté à manipuler l'emporte sur la morale chrétienne. Les plus malins triomphent, et non les valeurs chrétiennes telles que le désintéressement, la charité, la sincérité, l'humilité. Le « Jugement dernier » (p. 12, p. 90) n'est qu'une expression familière et les idées de péchés et de châtiment divin n'effleurent aucun des personnages, tous endurcis dans l'immoralité. Chacun apparaît tenté et possédé par le démon.

D'un point de vue purement religieux, ce tableau d'une humanité terre à terre, qui use d'un « parler bas » et grossier, est très pessimiste. L'objectif du dramaturge est-il réellement de mettre en garde les spectateurs et de les ramener à moins d'impiété ? Il semble plutôt montrer que la meilleure façon de lutter contre le diable est de rivaliser avec lui en illusions, de discréditer ses tactiques et de le battre sur son propre terrain : la ruse. En présentant des personnages malhonnêtes mais brillants, c'est avant tout le plaisir du spectateur qui est privilégié.

Fenêtres sur...

Des ouvrages à lire

Une adaptation en bande dessinée

• David Prudhomme, *La Farce de maître Pathelin*, Éditions de l'An 2, 2005.
Cette bande dessinée exploite la bichromie (noir et marron) et un format réduit de trois ou quatre cases pour orienter l'attention du lecteur sur les postures et les visages. S'inspirant de l'iconographie médiévale (enluminures et gravures), cette adaptation parvient à donner un relief saisissant aux cinq personnages et propose une lecture originale de la pièce.

D'autres farces

• *La Farce du cuvier et autres farces*, GF-Flammarion, « Étonnants classiques », 2006.
Parmi les deux cents farces environ qui nous sont parvenues du Moyen Âge, ce recueil en présente trois, représentatives du genre: La Farce du cuvier, qui date du xvᵉ siècle comme Pathelin, Jenin, fils de rien et Le Bateleur. Elles forment trois tableaux comiques de la vie quotidienne au Moyen Âge.

- Molière, *Les Fourberies de Scapin* [1671], Belin-Gallimard, «Classico», 2013.
Celui qu'on appelait « le premier farceur de France » a écrit cette comédie au xviie siècle, deux ans avant de mourir. Réunissant les apports des farces française et italienne, il forge un personnage qui a hérité de la fourberie de Pathelin et des pirouettes d'Arlequin.

Des récits du Moyen Âge

- *Le Roman de Renart*, trad. de l'ancien français par Pierre Mezinski, Belin-Gallimard, «Classico», 2010.
Personnification de la ruse, Renart, à la fois goupil et vassal révolté, est la créature la plus extraordinaire créée par les clercs des xiie et xiiie siècles. Malgré sa méchanceté et son insolence sans bornes, ce petit être intelligent nous devient sympathique parce qu'il s'attaque à des grands personnages cupides, égoïstes et lâches.

- *Fabliaux du Moyen Âge*, trad. de l'ancien français par Pierre-Marie Beaude, Belin-Gallimard, «Classico», 2013.
Contes à rire, les fabliaux dépeignent avec réalisme les individus et les coutumes de la société médiévale du xiie au xive siècle de façon vivante et gaie. Les procédés comiques utilisés par les narrateurs pour amuser leur auditoire sont variés et nous font, encore aujourd'hui, sourire.

Des romans contemporains se déroulant au Moyen Âge

- Jean-Côme Noguès, *Le Faucon déniché* [1972], Pocket Jeunesse, «Pocket junior», 2010.
Ce roman historique retrace les aventures émouvantes d'un jeune gardeur d'oies qui a osé élever en secret un rapace, oiseau de proie à l'époque exclusivement réservé aux chevaliers et interdit aux serfs. Dans un second volet paru en 2011 sous le titre L'Enfant de la forêt, le héros devient l'ami d'un jeune garçon dont la famille a été décimée par les Croisés...

- Évelyne Brisou-Pellen, *Le Fantôme de maître Guillemin*, Gallimard, «La bibliothèque Gallimard», 1993.
Ce roman policier plonge le lecteur dans le milieu des étudiants en médecine du xve siècle. Le jeune héros mène l'enquête pour retrouver le meurtrier

de trois clercs assoiffés de savoir et de découvertes dans le contexte du début de la Renaissance, où sacré et profane s'entremêlent sans cesse.

Sur le théâtre

• **André Degaine, *Histoire du théâtre dessinée*, Nizet, 1975.**
L'ouvrage d'André Degaine est une référence en matière de théâtre. Respectant strictement l'ordre chronologique, ce livre est une synthèse fiable et une mine de références constituée de deux mille illustrations. À la fois divertissant et précis, il convient à tous les publics.

Des films à voir

(Toutes les œuvres citées ci-dessous sont disponibles en DVD.)

• ***Monty Python: sacré Graal!*, Terry Jones et Terry Gilliam, couleurs, 1975.**
Du XIIe au XVe siècle se développent dans toute l'Europe des récits sur la légende d'Arthur. Ce film est une parodie hilarante, truffée de jeux de mots, des différentes aventures du roi breton, accompagné de Merlin et de ses valeureux chevaliers de la Table Ronde se livrant corps et âme à la quête du Graal.

• ***Le Nom de la rose*, Jean-Jacques Annaud d'après le roman d'Umberto Eco, couleurs, 1986.**
Ce film expose l'enquête menée par un moine érudit appelé Guillaume de Baskerville dans une abbaye, au XIVe siècle. L'intrigue policière, liée à des images comiques tracées dans les marges des livres saints, permet de comprendre les conflits intellectuels, religieux et politiques de l'époque.

• ***Louis XI, le Pouvoir fracassé*, Henri Helman, couleurs, 2011.**
Le vieux roi Louis XI (interprété par Francis Perrin) met en œuvre tout son savoir-faire politique pour renforcer son autorité et unifier le royaume de France aux dépens des grands féodaux, toujours prêts à comploter contre lui. Ce film policier historique reconstitue la vie quotidienne de la fin du XVe siècle. Les costumes, les accessoires, les décors nous plongent dans l'univers qui était celui du public de La Farce de maître Pathelin.

La Farce de maître Pathelin

@ *Des sites Internet à consulter*

Pour voir le manuscrit original de la pièce et l'édition illustrée de Pierre Levet
• http://gallica.bnf.fr

Sur l'histoire du livre
• http://classes.bnf.fr/livre

Des enluminures du xve siècle par le peintre royal Jean Fouquet
• http://expositions.bnf.fr/fouquet/index.htm

Sur la vie quotidienne au Moyen Âge
• http://www.histoire-france.net/moyen/vie-quotidienne.html

Pour obtenir plus d'informations, bénéficier d'offres spéciales enseignants ou nous communiquer vos attentes, renseignez-vous sur **www.collection-classico.com** ou envoyez un courriel à **contact.classico@editions-belin.fr**

Cet ouvrage a été composé par Palimpseste à Paris.

Imprimé en Espagne par Novoprint (Barcelone)
Dépôt légal : février 2012 – N° d'édition : 70116163-03/oct2016